Astrología Kármica

La guía definitiva de la reencarnación, el karma, las casas astrológicas, los signos del Zodíaco y las fases lunares

© Copyright 2024

Todos los derechos reservados. Ninguna parte de este libro puede ser reproducida de ninguna forma sin el permiso escrito del autor. Los revisores pueden citar breves pasajes en las reseñas.

Descargo de responsabilidad: Ninguna parte de esta publicación puede ser reproducida o transmitida de ninguna forma o por ningún medio, mecánico o electrónico, incluyendo fotocopias o grabaciones, o por ningún sistema de almacenamiento y recuperación de información, o transmitida por correo electrónico sin permiso escrito del editor.

Si bien se ha hecho todo lo posible por verificar la información proporcionada en esta publicación, ni el autor ni el editor asumen responsabilidad alguna por los errores, omisiones o interpretaciones contrarias al tema aquí tratado.

Este libro es solo para fines de entretenimiento. Las opiniones expresadas son únicamente las del autor y no deben tomarse como instrucciones u órdenes de expertos. El lector es responsable de sus propias acciones.

La adhesión a todas las leyes y regulaciones aplicables, incluyendo las leyes internacionales, federales, estatales y locales que rigen la concesión de licencias profesionales, las prácticas comerciales, la publicidad y todos los demás aspectos de la realización de negocios en los EE. UU., Canadá, Reino Unido o cualquier otra jurisdicción es responsabilidad exclusiva del comprador o del lector.

Ni el autor ni el editor asumen responsabilidad alguna en nombre del comprador o lector de estos materiales. Cualquier desaire percibido de cualquier individuo u organización es puramente involuntario.

Su regalo gratuito

¡Gracias por descargar este libro! Si desea aprender más acerca de varios temas de espiritualidad, entonces únase a la comunidad de Mari Silva y obtenga el MP3 de meditación guiada para despertar su tercer ojo. Este MP3 de meditación guiada está diseñado para abrir y fortalecer el tercer ojo para que pueda experimentar un estado superior de conciencia.

https://livetolearn.lpages.co/mari-silva-third-eye-meditation-mp3-spanish/

Índice de contenidos

INTRODUCCIÓN 1
CAPÍTULO 1: ASTROLOGÍA KÁRMICA BÁSICA 3
CAPÍTULO 2: CÓMO LEER LA CARTA ASTRAL 13
CAPÍTULO 3: SIGNOS Y ELEMENTOS DEL ZODÍACO 36
CAPÍTULO 4: PLANETAS Y RETRÓGRADOS 47
CAPÍTULO 5: FASES DE LA LUNA Y NODOS 56
CAPÍTULO 6: CASAS ASTROLÓGICAS 68
CAPÍTULO 7: ALINEARSE CON EL PROPÓSITO VITAL KÁRMICO 78
CAPÍTULO 8: COMPRENDER E INTEGRAR LAS LECCIONES KÁRMICAS 86
CAPÍTULO 9: PREDICCIONES ASTROLÓGICAS 95
CAPÍTULO 10: REENCARNACIÓN: LA LEY DEL RETORNO KÁRMICO 102
CONCLUSIÓN 111
VEA MÁS LIBROS ESCRITOS POR MARI SILVA 113
SU REGALO GRATUITO 114
BIBLIOGRAFÍA 115

Introducción

Si observa a cualquier ser vivo, notará ciertos patrones que todos los seres vivos tienen. Hay algo común entre las diferentes especies e incluso dentro de versiones específicas de cada especie. El mundo e incluso el universo están hechos de patrones repetitivos, sistemas, procesos y estructuras. La astrología kármica es el estudio del universo que le concierne y de cómo influyen sobre uno las fuerzas universales. Más importante aún, hay un yin y un yang en todo, y cada acción tiene una reacción igual y opuesta, y existe una dualidad en el universo. A través de la astrología kármica, descubrirá cosas sobre usted mismo y sobre el mundo que le rodea que quizá no había comprendido o reconocido.

Sin embargo, cuando se habla de algo tan complejo como la existencia humana, su pasado o incluso el futuro, no se puede comprender con una simple explicación. Se presenta de forma concisa y sencilla al receptor, pero hay que hacer mucho trabajo de fondo para que la comprensión sea posible. Al igual que un avión parece muy simple cuando lo ve, pero no ve la ingeniería increíblemente compleja en el fondo necesaria para hacer de este producto una realidad.

Del mismo modo, la astrología kármica es una forma interesante de desentrañar secretos sobre su vida; sin embargo, no es tan sencilla como cree. A lo largo de este libro, veremos todos los aspectos más importantes de la astrología kármica, lo que significan y cómo utilizarlos en su beneficio. Con los conocimientos compartidos en este libro, usted podrá evaluar su carta natal y aplicar estos conocimientos a cualquier situación porque tiene a mano la información adecuada.

Ninguna parte de la comprensión de la astrología kármica es más o menos importante que la otra. Todo es importante, desde la lectura de la carta natal hasta la comprensión de las fases lunares y las casas astrológicas para hacer predicciones kármicas. Lo que marca la diferencia es cómo aplica esta información a su vida. Aunque sólo le interese aprender sobre usted mismo, debe ver las cosas en su conjunto para comprenderlas realmente. Toda la naturaleza está entrelazada a través del tejido del universo, por lo que comprender cualquier parte requiere comprender el todo.

A través de la información que se comparte en este libro, aprenderá a ver el panorama general y a encontrarse a usted mismo en este mar de conocimiento. Lleva tiempo dominar la astrología kármica, y hay mucho margen para el error. Cuanto más profunda sea su comprensión, más practicará y con más precisión descifrará cualquier situación. La astrología kármica tiene una historia de más de dos mil años. A lo largo del tiempo, esta ciencia ha evolucionado, mejorado y se ha expandido. El conocimiento de la astrología kármica que tenemos a nuestra disposición hoy en día es extremadamente denso y conciso, así que prepárese para pasar algún tiempo dándole vueltas a todo.

Este libro está estructurado específicamente para ayudar a las personas con conocimientos básicos de astrología kármica o sin conocimientos previos. Por lo tanto, le beneficiará enormemente recorrer este libro cronológicamente. Todo está interconectado, y el libro se ha estructurado para facilitar la comprensión de estos conceptos. Además, tenga en cuenta que se trata de predicciones y pronósticos. No se sorprenda si los resultados en el mundo real son variables.

Capítulo 1: Astrología kármica básica

«No existe una Astrología con A mayúscula. En cada época, la astrología del momento era un reflejo del tipo de orden que cada cultura veía en los movimientos celestes, o del tipo de relación que la cultura formulaba entre el cielo y la tierra». - Alexander Ruperti

La mayoría de la gente ha oído hablar de la astrología. Sin embargo, a menudo no se dan cuenta de que existen varias ramas de esta disciplina. Las tradiciones astrológicas difieren según la parte del mundo en la que se viva y lo que se espere obtener de una sesión con un astrólogo.

Por ejemplo, las personas que se inician en la astrología suelen empezar una sesión con alguien versado en astrología psicológica (también conocida como moderna) o que practica la astrología «tradicional occidental» (helenística, medieval, etc.). Sin embargo, para obtener una perspectiva diferente, también puede explorar la astrología evolutiva, que le ofrece una comprensión de su vida actual y pasada, o la astrología védica, destinada a personas que buscan incorporar sugerencias astrológicas a su vida cotidiana.

Los seguidores de la astrología suelen consultar a especialistas en astrología local, electoral, de las relaciones y horaria para tomar decisiones vitales clave. Por supuesto, éstas son sólo algunas de las opciones disponibles. Otra alternativa popular es la astrología kármica.

¿Qué es la astrología kármica?

Para comprender correctamente lo que representa la astrología kármica, primero debe entender el significado de las dos palabras que constituyen esta disciplina: «Karma» y «astrología».

El karma es un concepto que se encuentra en muchas religiones de todo el mundo, y son demasiadas para nombrarlas. Hay muchas traducciones de la palabra; sin embargo, puede pensar en el karma como sus acciones y el resultado de esas acciones.

La creencia teológica sostiene que el karma de una persona es una combinación de dos cosas: La acción que una persona emprende y la intención de la persona que realiza esa acción. Esto también se aplica a una acción que se planifica, pero nunca se lleva a cabo: puede afectar al karma general de una persona tanto como una acción llevada a cabo con éxito.

Crea karma positivo cuando sus intenciones son buenas o sus acciones son positivas. Si sus intenciones o acciones son malas, su karma se ve afectado negativamente. Esto significa que una persona puede hacer algo positivo, pero seguirá sufriendo mal karma si sus intenciones son malas. Al mismo tiempo, si sus intenciones son positivas, pero sus acciones resultan negativas, aún puede crear un buen karma para sí misma.

En algunas escuelas de teología hindú, el karma de una persona está intrínsecamente ligado a la idea del renacimiento. Por lo tanto, una persona con karma positivo tendrá una vida mejor en el renacimiento que alguien con karma negativo. En algunas escuelas de pensamiento, una persona que muere con karma negativo renacerá como un animal no humano, y cuanto peor sea su karma, menos significativo será el animal con el que renazca. Sin embargo, si muere con karma positivo, renacerá como un ser humano; cuanto mejor sea su karma, mejor será su posición en la próxima vida.

En otras escuelas de pensamiento, tener un karma positivo es uno de los requisitos para alcanzar la emancipación o *moksha*, es decir, liberarse del ciclo de muerte y renacimiento y alcanzar la verdadera iluminación. Además, el budismo y el jainismo tienen escuelas de pensamiento que ven el karma de forma diferente.

Sin embargo, la mayoría de las escuelas de pensamiento del hinduismo, el budismo y el jainismo presentan el tema de la causalidad, indicando esencialmente un sistema de causa y efecto. Si ocurre una acción, tendrá como resultado una reacción específica y predeterminada.

En el caso del karma, significa que las acciones de una persona afectan las vidas que vive, al igual que las intenciones que hay detrás. Específicamente, el karma sostiene que los hechos, o acciones, tienen efectos similares, por lo que ganar buen karma resultará bien para una persona, mientras que ganar mal karma resultará mal.

No siempre se especifica cuáles serán estos efectos, y puede que no se produzcan inmediatamente. Los efectos del karma podrían aparecer más adelante en la vida de una persona o en vidas futuras. Sin embargo, es esencial tener en cuenta que el karma no es un sistema de recompensa y castigo. Es más bien una ley que produce consecuencias.

La astrología se ocupa de cómo los cuerpos planetarios, como las estrellas, los planetas, el Sol y la Luna, influyen en las vidas humanas. Esta práctica se remonta al menos al segundo milenio a. C. y se practicaba en varias culturas antiguas, como los mayas, los hindúes, los chinos, los mesopotámicos, los antiguos griegos, los antiguos romanos y los árabes.

Como ya se ha mencionado, existen diversas variantes de la astrología, dependiendo de la tradición geográfica que se siga y de lo que se espere aprender de una sesión con un astrólogo. En general, existen tres ramas principales:

- **Astrología natal:** Es la rama en la que piensa la mayoría de la gente cuando oye la palabra astrología. Realiza predicciones y análisis basados en la fecha y hora de nacimiento de una persona. Suele consistir en trazar los patrones del cielo en el momento exacto del nacimiento (lo que se conoce como carta natal) y hacer predicciones basadas en esta información. También puede verse en la práctica popular de los horóscopos basados en el Zodíaco, ya que estas predicciones se basan en la fecha de nacimiento.

- **Astrología mundana:** Esta rama de la astrología busca hacer predicciones sobre asuntos más amplios, más allá de una sola persona. Por ejemplo, al hacer predicciones sobre la economía, las guerras y otros asuntos nacionales.

- **Astrología predictiva:** Al igual que la astrología natal, esta rama se centra generalmente en una sola persona. Sin embargo, la astrología natal hace predicciones sobre el curso de la vida de una persona. La astrología predictiva es más específica y hace predicciones sobre cuestiones concretas. Por ejemplo, ¿cuál es la mejor fecha para que una persona se mude de casa o la base astrológica de una enfermedad o dolencia concreta?

La astrología kármica está más alineada con la astrología natal, comparte algunas similitudes. Un término comúnmente utilizado en la astrología natal y kármica es el de casas.

Casas es el término utilizado para referirse a la carta natal de una persona. Una vez hecha la carta natal, se divide en doce secciones. Estas secciones se conocen como casas, y cada casa está regida por un signo zodiacal diferente. Cada casa también está relacionada con un área diferente de su vida, como las relaciones, la carrera, la comunicación, etc.

El signo que rige cada casa depende de la hora, la fecha y el lugar de nacimiento, y la forma en que un signo interactúa con una casa determinada afecta al análisis de la carta natal.

Comprender la astrología kármica

Ahora que entiende lo que son el karma y la astrología, es el momento de considerar la práctica de la astrología kármica.

Como se mencionó anteriormente, el karma implica creer que sus acciones tienen efectos positivos y negativos. Estos efectos no se ven de forma instantánea; algunos ni siquiera se producen en la vida actual, sino que se revelan en vidas futuras.

Aquí es donde entra en juego la astrología kármica.

Al igual que el karma, la astrología kármica cree que las circunstancias de su vida actual son el resultado de acciones pasadas y de los efectos de acciones no resueltas en una vida pasada. La astrología kármica ofrece la oportunidad de comprender el efecto de estas vidas pasadas.

Esta rama de la astrología cree que todo lo que hace y todo lo que le ocurre tiene una razón enraizada en el karma. Supongamos que quiere romper su ciclo actual de errores y avanzar. En ese caso, debe comprender el karma que afecta su vida. La astrología kármica puede ayudarle.

Por esta razón, la astrología kármica se conoce en ocasiones como astrología de vidas pasadas. Se ocupa de ayudar a las personas a identificar los problemas que tienen sus raíces en el karma de una vida pasada para que puedan seguir adelante. Cuando comprenda su karma actual, podrá tomar medidas para abordar el problema y arreglar su karma si es necesario.

¿En qué consiste la astrología kármica?

Aprenderá las complejidades de la astrología kármica en profundidad a lo largo de este libro. Sin embargo, para empezar, aquí tiene una comprensión básica de en qué se centra la astrología kármica.

Como se mencionó anteriormente, su carta natal está dividida en doce secciones o casas. Una sesión de astrología kármica comienza con la creación de su carta natal.

Cuando su astrólogo ha creado su carta natal, comienza el análisis. La astrología kármica se centra en tres de las doce casas: La 4ª, la 8ª y la 12ª, todas ellas asociadas al elemento agua.

- **Casa IV:** Es la casa del karma familiar. Al igual que su karma afecta su vida, también el karma de su familia. Esta casa describe el karma familiar con el que ha nacido, permitiéndole comprender qué hábitos o patrones familiares debe modificar para cambiar su karma.
- **Casa VIII:** Esta es la casa de su karma de pareja. Representa el karma de sus relaciones con personas ajenas a su familia. La interpretación de esta casa le ayudará a comprender asuntos emocionales reprimidos y patrones de relación que debería examinar más de cerca y tal vez reconsiderar.
- **Casa XII:** Esta es la casa del karma colectivo e irredento. Ayuda a comprender el impacto del servicio subconsciente, incluidas las acciones que no realizó intencionadamente.

El análisis de su carta natal también tendrá en cuenta la posición de los siguientes cuerpos planetarios:

- **Sol:** Ayuda a comprender el propósito de su vida según su karma, incluidos sus miedos, debilidades, etc.
- **Luna:** Simboliza el pasado kármico de una persona y los asuntos no resueltos que lleva consigo de sus vidas pasadas reflejados en su vida actual. La ubicación de la casa de la Luna puede mostrar negatividad en una vida anterior, en la que no fue todo lo bueno y sincero que podría haber sido. El resultado

fue una experiencia desequilibrada en esa vida y es una preocupación que necesitará resolver a través de la astrología kármica en esta vida.

- **Saturno:** Otras formas de astrología ven a Saturno como un signo negativo y símbolo de problemas inminentes. En la astrología kármica, es el juez de su karma. Simboliza los tropiezos kármicos que encontrará y le ayudará a superarlos. Saturno es tan importante en la astrología kármica que a veces se le llama el «señor del karma».

Los otros dos cuerpos planetarios en los que se centra la astrología kármica son Rahu y Ketu. Se trata de cuerpos exclusivos de los textos hindúes. Rahu es una entidad en la sombra, considerada la entidad que causa los eclipses y rige los meteoros. Ketu se considera un planeta sombra.

En la astrología occidental, se conocen como los nodos lunares norte y sur. Estos puntos muestran la órbita de la Luna y la Tierra alrededor del Sol.

- **Rahu/Nodo norte:** Rahu representa su camino kármico y ayuda a identificar su meta kármica o misión de vida. Esta meta representa nuevos comienzos y no puede confiar en sus vidas y experiencias pasadas para ello.
- **Ketu/Nodo sur:** Ketu representa sus raíces kármicas y su ascendencia. Es, esencialmente, un talón de Aquiles y sirve como símbolo de problemas y karma pasados que desea resolver a través de su sesión de astrología kármica. Puede que no sea necesariamente negativo (el karma no es necesariamente negativo), pero es algo que necesita superar para avanzar y centrarse en vivir su vida presente.

Astrología kármica, deuda kármica y relaciones kármicas

Una lectura detallada de la astrología kármica puede ayudarle de muchas maneras. Una de las principales razones por las que la gente busca estas lecturas es para entender su deuda kármica.

La deuda kármica es esencialmente la deuda que acumuló en su vida pasada. Es el karma negativo que creó en una vida anterior y que todavía tiene que experimentar. Es algo que todavía tiene que pagar o deuda de una vida pasada.

Es esencial tener en cuenta que la deuda kármica no significa una gran catástrofe. Puede hacer frente a esta deuda de diversas maneras y seguir adelante. Cuando su astrólogo haya identificado cualquier deuda kármica que pueda tener, también le ayudará a superarla.

Otro tema que muchas personas tienen en mente cuando visitan a un astrólogo kármico son las relaciones kármicas.

Las relaciones kármicas implican a dos miembros de una relación y sus respectivos karmas. Como comprenderá ahora, cada miembro de la pareja aporta su propio karma a una relación generando un vínculo a través de su karma. De ello se deduce que los implicados anteriormente deben utilizar las relaciones actuales para aprender quiénes son y cómo deben actuar.

Una lectura centrada en una relación kármica implica resolver el problema kármico que une a las dos personas eliminando el karma negativo de uno o ambos miembros de la pareja. Estas relaciones suelen esfumaste una vez resuelto el karma que une a las dos mitades.

Es importante señalar que las personas que mantienen una relación kármica no tienen por qué tener una relación sentimental. Puede tratarse de cualquier relación, como la de un amigo, un compañero de trabajo, un padre o incluso una mascota.

¿Qué tan bueno es su karma?

Así que está interesado en explorar más a fondo la astrología kármica, pero no está seguro de cuál es su karma en este momento. Si se pregunta qué tan bueno es su karma, este cuestionario es para usted.

Simplemente responda cada pregunta con la verdad y calcule sus resultados basándose en las instrucciones al final del cuestionario.

1. **Encuentra una cartera abandonada en el tren. Decide:**
    a) Encontrar al propietario.
    b) Dejarla donde está, ya vendrá alguien a buscarla.
    c) Sacar dinero y devolver la cartera.
    d) Quedársela.
2. **¿Habla con personas sin hogar?**
    a) Lo haría si fuera necesario.
    b) Quizás un «hola» al pasar.

c) Me pondría un poco nervioso.
   d) Nunca.
3. **Le hace un favor a alguien.**
   a) Lo mantiene en secreto: lo hace por ellos, no por el reconocimiento.
   b) Lo hace conocido, pero resta importancia a sus esfuerzos: le gustaría un poco de reconocimiento, pero no le interesa ser el centro de atención.
   c) Se asegura de que la persona a la que ha ayudado lo sepa; al fin y al cabo, lo ha hecho usted, así que debería saberlo.
   d) Se asegura de que la persona a la que ayudó lo sepa: quiere asegurarse de que sepa que le devolverá el favor en el futuro.
4. **Se encuentra con un turista perdido y confundido en la calle. Usted:**
   a) Lo acompaña hasta su destino.
   b) Lo ofrece ayuda para orientarle.
   c) Lo ignora y pasa de largo.
   d) Lo señala con el dedo y se ríe de su situación con sus amigos.
5. **¿Devuelve los libros de la biblioteca a tiempo?**
   a) La mayoría de las veces los devuelvo a tiempo.
   b) Generalmente los devuelvo a tiempo, pero alguna vez me he retrasado.
   c) Intento devolverlos a tiempo, pero es difícil, y generalmente lo hago tarde.
   d) No recuerdo la última vez que devolví un libro de la biblioteca después de haberlo sacado.
6. **¿Hace trabajo voluntario?**
   a) Siempre que puedo.
   b) De vez en cuando, pero no tengo mucho tiempo libre.
   c) Me lo he planteado, pero he decidido no hacerlo.
   d) Nunca: tengo poco tiempo y necesito centrarme en ganar dinero.

7. ¿Recicla?
   a) Siempre.
   b) Todo lo que puedo, aunque de vez en cuando flojeo.
   c) Cuando es conveniente.
   d) Nunca.
8. Su mejor amigo está pasando por una ruptura importante. Usted
   a) Pasa tiempo con él, está a su lado y lo escucha el mayor tiempo posible.
   b) Pasa algún tiempo con él y lo invita a comer.
   c) Lo invita a salir un par de veces.
   d) Se ofrece a compartir unas copas.
9. ¿Aceptaría trabajar en una empresa con cuya misión no estuviera de acuerdo moralmente a cambio de un gran sueldo?
   a) No.
   b) Lo consideraría, pero necesitaría mucha más información.
   c) Donaría parte de mi sueldo, pero sí.
   d) Sí.
10. ¿Cree que la gente debería juzgar a los demás basándose en una sola acción?
    a) No.
    b) Depende de la acción en cuestión.
    c) Creo que está justificado juzgar a los demás por sus acciones.
    d) Sí: un acto ilegal siempre debería ser juzgado con toda severidad, independientemente de la situación personal.

Cuando haya hecho el cuestionario, cuente sus respuestas. Cuente cuántas de cada opción ha obtenido: cuántas a, cuántas b, etcétera. Determine qué opción tiene el número más alto.

Los que tienen más «a» tienen el mejor karma, mientras que los que tienen muchas «d» tienen que trabajar un poco para aumentar su karma positivo. Los que tienen más b y c tienen una mezcla de karma bueno y malo. Si tiene más b, se inclina hacia el karma positivo, mientras que los que tienen más c se inclinan hacia el karma negativo.

Ahora que conoce su karma, el siguiente paso es comprender con precisión cómo afecta a su lectura astrológica kármica. Los próximos capítulos tratarán este tema, ayudándole a comprender cómo leer su carta astral, a explorar la importancia de los signos y elementos, y a explicar los planetas, los retrógrados, las fases lunares y los nodos. Los próximos capítulos también le ayudarán a alinear su vida con su propósito de vida kármico y mucho más.

Si ha sentido curiosidad por conocer su karma y el papel que desempeña en su pasado y su futuro, está en el lugar adecuado. Este libro sobre astrología kármica le asegurará un conocimiento de todo lo importante sobre esta rama de la astrología para centrarse en utilizarla para mejorar su vida y la de los que le rodean. Todo lo que tiene que hacer es pasar la página y seguir leyendo, ya que el siguiente capítulo le ayudará a comprender cómo leer su carta astral y le explicará por qué es importante.

Capítulo 2: Cómo leer la carta astral

Probablemente haya oído hablar de los horóscopos más de una vez en su vida. Durante años, la gente ha utilizado patrones astrológicos para predecir diversas características de una persona. Entre ellas se incluyen la personalidad, el estado de ánimo, la suerte, la fortuna, el futuro y muchas otras. Las cartas natales también se conocen comúnmente como cartas natales o, en términos más sencillos, horóscopos. Estas cartas le ayudarán a conocer mejor su interior y su psique.

Carta natal
https://pxhere.com/en/photo/682841

La carta natal

Una carta astral es un mapa de la posición de los planetas en el momento del nacimiento, la situación, la relación o el viaje de una persona. En concreto, la carta natal de una persona predice su personalidad individual y los acontecimientos clave de su vida. Una carta astral utiliza constelaciones y posiciones planetarias para establecer un plan astrológico perspicaz y proporciona una hoja de ruta para tomar buenas decisiones en la vida. Las cartas natales ayudan a revelar las siguientes características de su vida:

- Patrones de comportamiento, saludables y tóxicos
- Sus puntos fuertes y débiles
- Compatibilidad de relaciones
- Lecciones kármicas

Para leer su carta astral específica, necesita conocer su fecha, hora y lugar de nacimiento. Es preferible conocer la hora exacta. Sin embargo, como esta información no siempre está disponible, utilice una estimación aproximada para leer su carta natal. La disposición habitual de una carta natal occidental consiste en tres ruedas o círculos divididos a partes iguales en doce secciones, que equivalen a las doce casas. Estas tres ruedas constan de tres componentes principales que deben observarse. Se trata de las doce casas, los diez planetas que residen en las doce casas y los doce signos del Zodíaco. A continuación, se muestra el aspecto de una carta astral genérica:

La rueda interior

El círculo interior representa la ubicación o las coordenadas exactas de su lugar de nacimiento. Está científicamente demostrado que la Tierra gira alrededor del Sol y no al revés. Sin embargo, la astrología se centra en la interacción del sistema solar con la Tierra. Podemos ver que el Sol se mueve alrededor de nuestro planeta y pasa por cada signo durante unos treinta días.

La rueda media

La rueda media consta de doce secciones que representan las doce casas astrológicas. Cada sección preside un área específica de su vida, incluyendo relaciones, carreras, riqueza, suerte, etc. Las casas parten del ascendente, situado en el centro izquierdo de su círculo, y se desplazan en el sentido contrario a las agujas del reloj. También es importante observar la posición del ascendente para identificar las doce casas.

Observe una línea horizontal que atraviesa el círculo interior hasta el círculo exterior. A la izquierda estará su ascendente, o el sol naciente que representa su personalidad mundana. Ésta es la personalidad que utiliza para interactuar con el resto del mundo, y determina cosas como su estilo, aspecto, temperamento, autoestima, etc. A la derecha se encuentra el descendente, que representa su personalidad en las distintas relaciones, románticas o de otro tipo.

A continuación, observe la línea vertical, o meridiano, que atraviesa el centro de la línea horizontal. En la parte inferior del meridiano se encuentra el Imum Coeli, que representa la persona interior de un individuo. Esta parte ayuda a identificar las raíces emocionales de la persona, los recuerdos del alma y cómo se comporta en privado. Por último, el Medio Cielo o Medium Coeli se encuentra en la parte superior del meridiano. Encarna su persona pública, ayudándole a identificar su trayectoria profesional y sus ambiciones y cómo puede cumplirlas para alcanzar su verdadero potencial.

Las doce secciones

Las doce secciones están formadas por las doce casas, como se ha explicado anteriormente. Estos planetas existen dentro de diferentes casas, lo que ofrece una valiosa visión de su personalidad y de cómo interactúa con el mundo. Estas casas proporcionan una hoja de ruta para comprender su pasado, presente y futuro. A medida que los planetas se mueven dentro de estas regiones, se producen distintos acontecimientos y cambios (físicos y mentales).

Para interpretar su carta astral, primero debe observar la ubicación de los planetas en cada casa. Curiosamente, una casa puede tener varios planetas mientras que otras están vacías. Por lo tanto, no se confunda, ya que es perfectamente normal que los planetas y las estrellas se agrupen en el momento del nacimiento de una persona. Las casas vacías no significan que haya una deficiencia. Sin embargo, la presencia de varios planetas en una casa exige una interpretación exhaustiva.

Para ello, es necesario comprender las funciones de cada planeta y casa y, a continuación, relacionarlos con los signos del zodíaco para obtener una imagen completa.

La rueda exterior

Como concepto importante que ordena los doce signos del zodíaco -todos los cuales reciben su nombre de grupos de estrellas-, la rueda exterior está formada por los signos del zodíaco que reciben su nombre de constelaciones estelares. Cada signo consta de una cualidad o personalidad individual. Estos rasgos son los que distinguen a los signos del zodíaco entre sí. Estos signos coincidirán con diferentes casas y crearán la interpretación final de su carta natal. Aquí tiene una lista sencilla de los signos del zodíaco y sus rasgos de personalidad.

Signo del Zodíaco	Planeta regent	Fechas	Glifo	Rasgos
Aries	Marte	20 de marzo - 19 de abril	♈	Pionero, guerrero, atrevido
Tauro	Venus	20 de abril - 20 de mayo	♉	Constructor, manifestador
Géminis	Mercurio	21 de mayo - 21 de junio	♊	Trabajador en red, comunicador
Cáncer	Luna	22 de junio - 22 de julio	♋	Criador, maternal
Leo	Sol	23 julio - 22 agosto	♌	Ejecutante, líder
Virgo	Mercurio	23 agosto - 22 septiembre	♍	Sanador, servidor, humilde
Libra	Venus	23 septiembre - 23 octubre	♎	Diplomático, delegador
Escorpio	Plutón, Marte	24 oct - 21 nov	♏	Psicólogo, transformador

Sagitario	Júpiter	22 nov - 21 dic	♐	Explorador, filósofo
Capricornio	Saturno	22 dic - 19 ene	♑	Oportuno, determinado
Acuario	Urano, Saturno	20 ene - 18 feb	♒	Reformador, humanitario
Piscis	Neptuno, Júpiter	19 febrero - 20 marzo	♓	Soñador, compasivo

Los planetas

En la lectura de la carta astral nos fijamos en un total de diez planetas. Cada uno de ellos está situado en una casa diferente, dependiendo de la fecha y el lugar de nacimiento. La energía de estos planetas influye significativamente en nuestras vidas. Sin embargo, lo que realmente hacemos con estas energías decide en última instancia nuestro destino. Entre estos planetas se encuentran las dos luminarias, el Sol y la Luna. Luego tenemos a Marte, Venus, Júpiter, Saturno, Mercurio, Urano, Neptuno y Plutón. Estos planetas se clasifican en:

Planeta	Glifo	Signo del Zodíaco	Casa	Descripción
Sol	☉	Leo	5^a	Identidad única, potencial creativo
Luna	☽	Cáncer	4^a	Emociones, sentimientos nutritivos
Mercurio	☿	Géminis, Virgo	3^a y 6^a	Comunicación, pensamientos racionales
Marte	♂	Aries, Escorpio	1^a y 8^a	Motivación, energía, sexualidad

Venus	♀	Tauro, Libra	2ª y 7ª	Belleza y arte, amor y relaciones
Júpiter	♃	Sagitario, Piscis	9º y 12	Filosófico, búsqueda de respuestas
Saturno	♄	Capricornio, Acuario	10º y 11	Lecciones kármicas, restricciones temporales
Urano	♅	Acuario	11º	Sentimientos rebeldes, revolucionarios
Neptuno	♆	Piscis	12º	Cambio, despertar espiritual
Plutón	♇	Escorpio	8º	Transformación, regeneración, destrucción

Las doce casas

Cada una de las doce casas representa un aspecto de su vida y debe ser comprendida en detalle. Profundizaremos en las doce casas en los próximos capítulos. Por el momento, en esta tabla podrá hacerse una idea general de lo que representa cada casa.

Casa	Gobierna	Características
Casa 1	Uno mismo	Apariencia, personalidad externa
Casa 2	Posesiones	Dinero, posesiones, valores, habilidades
Casa 3	Comunicación	Proceso de pensamiento mental, comunicación, hermanos
Casa 4	Familia y hogar	Hogar, padres, raíces, seguridad interior
Casa 5	Placer	Romance, hijos, creatividad, diversión

Casa 6	Salud	Trabajo, salud, superación personal
Casa 7	Parejas	Matrimonio y otras relaciones
Casa 8	Sexo	Sexo, muerte, regeneración, compartir
Casa 9	Filosofía	Estudios superiores, filosofía, religión, viajes, derecho
Casa 10	Condición social	Carrera, estatus, reputación, propósito profesional
Casa 11	Amistades	Amigos, grupos, metas, aspiraciones
Casa 12	Subconsciente	Soledad, trascendencia, instituciones, autosabotaje

Cómo interpretar su carta astral

Cuando conozca los distintos signos del zodíaco, los planetas y las casas, es hora de interpretar su carta astral En primer lugar, genere su carta astral utilizando una fuente en línea, o dibújela si es un experto. A continuación, tenga en cuenta el signo zodiacal y la casa en la que se encuentra cada planeta. No intente leer todos los planetas a la vez. Primero, limítese a un solo planeta e identifique la casa en la que está presente y su signo zodiacal asociado. Una vez hecho esto, enumérelos e interprételos según las siguientes funciones:

Planetas - Representan lo que le impulsa, lo que disfruta

Casas - Representan dónde debe esperar el crecimiento o el cambio

Zodíacos - Representan la forma de realizar una tarea

Por ejemplo, supongamos que su carta astral tiene a Urano en Aries, en la cuarta casa. Anótelo y consulte las tablas y los datos que ha aprendido más arriba. A partir de ahí, podemos concluir:

Planeta - Urano (Capacidad de aprender, crecer, revolucionar)

Casa - Cuarta Casa (Hogar y familia)

Zodíaco - Aries (apasionado, ambicioso, fuerte)

A partir de esta información, podemos interpretar que es muy apasionado por su familia y su hogar, y que aprende y crece sobre todo a través de sus seres queridos. Su bienestar emocional está relacionado principalmente con sus raíces, por lo que su felicidad depende de su familia.

Ejercicio: Intente interpretar;

Aquí tiene un ejemplo de carta astral para que pruebe a interpretar los diferentes significados y percepciones.

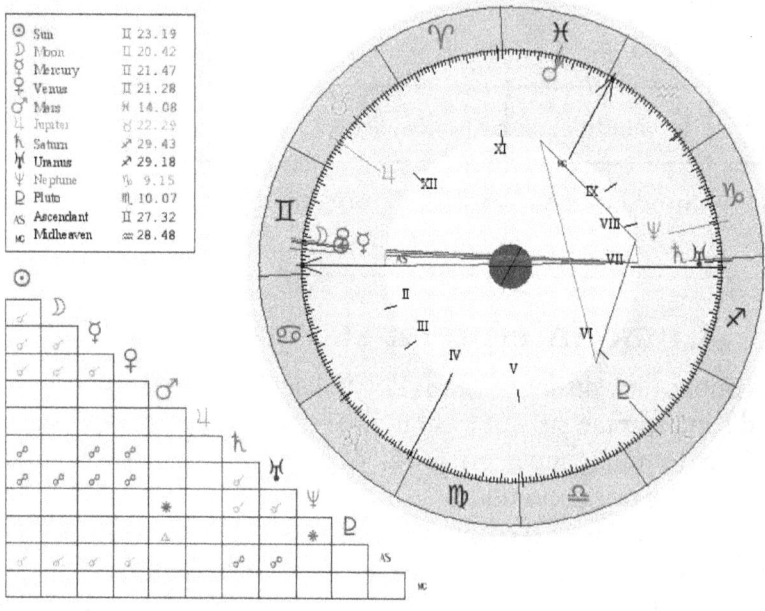

Carta natal y sus interpretaciones
https://commons.wikimedia.org/wiki/File:Birth_chart_example.JPG

Casa 1

Planeta _____

Casa _____

Zodíaco _____

Interpretación _____

_____

_____

Planeta _____

Casa _____

Zodíaco _____

Interpretación _____

_____

_____

Casa 2

Planeta _____

Casa _____

Zodíaco _____

Interpretación _____

_____

_____

Casa 4

Planeta _____

Casa _____

Zodíaco _____

Interpretación _____

_____

_____

Planeta _____

Casa _____

Zodíaco _____

Interpretación _____

_____

_____

Casa 8

Planeta _____

Casa _____

Zodíaco _____

Interpretación _____

_____

_____

Planeta _____

Casa _____

Zodíaco _____

Interpretación _____

_____

_____

Casa 9

Planeta _____

Casa _____

Zodíaco _____

Interpretación _____

_____

_____

Casa 10

Planeta _____

Casa _____

Zodíaco _____

Interpretación _____

_____

_____

Casa 11

Planeta _____

Casa _____

Zodíaco _____

Interpretación _____

_____

_____

Casa 12

Planeta _____

Casa _____

Zodíaco _____

Interpretación _____

_____

_____

Hojas de trabajo

Ahora, genere cartas natales y utilice las siguientes hojas de trabajo para interpretar su carta natal o la de sus amigos y seres queridos.

Casa 1

Planeta _____

Casa _____

Zodíaco _____

Interpretación _____

_____

_____

Planeta _____

Casa _____

Zodíaco _____

Interpretación _____

_____

_____

Casa 2

Planeta _____

Casa _____

Zodíaco _____

Interpretación _____

_____

_____

Planeta _____
Casa   _____
Zodíaco _____
Interpretación _____
_____
_____

Casa 3
Planeta _____
Casa   _____
Zodíaco _____
Interpretación _____
_____
_____

Planeta _____
Casa   _____
Zodíaco _____
Interpretación _____
_____
_____

Casa 4
Planeta _____
Casa   _____
Zodíaco _____

Interpretación _____

_____

_____

Planeta _____
Casa _____
Zodíaco _____
Interpretación _____

_____

_____

Casa 5

Planeta _____
Casa _____
Zodíaco _____
Interpretación _____

_____

_____

Casa 6

Planeta _____
Casa _____
Zodíaco _____
Interpretación _____

_____

_____

Casa 7

Planeta _____
Casa _____
Zodíaco _____
Interpretación _____
_____
_____

Planeta _____
Casa _____
Zodíaco _____
Interpretación _____
_____
_____

Casa 8

Planeta _____
Casa _____
Zodíaco _____
Interpretación _____
_____
_____

Planeta _____
Casa _____
Zodíaco _____

Interpretación _____
_____
_____

Casa 9
Planeta _____
Casa _____
Zodíaco _____
Interpretación _____
_____
_____

Planeta _____
Casa _____
Zodíaco _____
Interpretación _____
_____
_____

Casa 10
Planeta _____
Casa _____
Zodíaco _____
Interpretación _____
_____
_____

Planeta _____
Casa _____
Zodíaco _____
Interpretación _____
_____
_____

Casa 11

Planeta _____
Casa _____
Zodíaco _____
Interpretación _____
_____
_____

Planeta _____
Casa _____
Zodíaco _____
Interpretación _____
_____
_____

Casa 12

Planeta _____
Casa _____
Zodíaco _____

Interpretación _____
_____
_____

Planeta _____
Casa _____
Zodíaco _____
Interpretación _____
_____
_____

CLAVE

(Para la interpretación del primer y último planeta en la carta natal del ejercicio)

Signo ascendente (28 grados Sagitario)

Aunque puede tener mala fama por su indiscreción y franqueza, en realidad es bastante abierto, honesto y extrovertido. Nadie debería tomar nada de lo que diga como algo personal, porque no tiene mala intención. Le gusta vivir su vida con franqueza, pero considera que las sutilezas sociales son un obstáculo para la verdadera comunicación. Posee mucha energía y se inquieta si se le restringe. Le gusta la libertad, no la ansiedad y la sensación de estar atrapado. Le gusta la vida al aire libre, donde puede expresar su libertad y energía, por lo que disfruta los deportes y la vida social, y animará cualquier reunión.

Planeta 1 - Marte (ambicioso, valiente, enérgico)

Casa - Primera Casa (autoestima, identidad única)

Zodíaco - Capricornio (decidido, oportuno)

Interpretación: Extremadamente ambicioso, está dispuesto a trabajar muy duro para alcanzar sus objetivos. Es muy práctico, cauto y conservador. Exige resultados concretos con su esfuerzo y consigue destacar en todo lo que se propone. Posee un gran sentido de la responsabilidad y autodisciplina. Sin embargo, asegúrese de no juzgar a los demás.

Planeta 11 - Plutón (transformación, renacimiento, regeneración)

Casa - Casa 12 (subconsciente, trascendencia)

Zodíaco - Sagitario (explorador, filósofo)

Interpretación: Las creencias y tótems más preciados de la sociedad cambiarán radicalmente para toda su generación. Muchos conceptos tradicionales se verán totalmente alterados, si no destruidos por completo. Se reafirmarán los derechos de los individuos a seguir su propio curso en la vida.

Signo ascendente (Sagitario)

Es una persona de personalidad abierta, conocida por su franqueza y honestidad. Sin embargo, a veces puede ser brusco e insensible, lo que suele ofender a la gente. Las personas cercanas a esta persona han aprendido a no tomar todo lo que dice como algo personal debido a su naturaleza indiscreta. Esta persona aprecia las cosas sencillas de la vida y considera que las formalidades sociales y las sutilezas son obstáculos para una comunicación real y eficaz. Por lo tanto, esta persona prefiere ser directa y sencilla a optar por un enfoque formal en una conversación.

Esta persona tiene mucha energía contenida y, si no la disipa de alguna manera, puede volverse inquieta y sentirse confinada. Además, esta persona adora la vida al aire libre y exige libertad, ya sea de expresión o para hacer lo que quiera. El hecho de que no se adapte a las convenciones sociales no le hace menos sociable; su espíritu vivo y su entusiasmo le hacen muy popular en las reuniones sociales.

Casa uno

Planeta - Marte (ambicioso, valiente, enérgico)

Casa - Primera Casa (autoestima, identidad única)

Zodíaco - Capricornio (decidido, oportuno)

Interpretación: El planeta regente es Marte, y esta persona es extremadamente ambiciosa en cuanto a sus metas y objetivos. Hará todo lo necesario para alcanzar las metas que se ha fijado. El zodíaco Capricornio añade un rasgo de determinación a su personalidad. Esta persona es muy práctica con sus objetivos y exige resultados tangibles dentro de unos límites de tiempo. Es muy responsable, se dedica a sus objetivos y tiene un agudo sentido de la autodisciplina que le permite tener éxito en sus tareas. Sin embargo, esta persona tiende a juzgar a los demás por su estatus y prestigio y siempre ve a los demás como competencia.

Planeta - Neptuno (amante del cambio, espiritualmente despierto)

Casa - Primera casa (autoestima, identidad única)

Zodíaco - Acuario (reformador, humanitario)

Interpretación: Como reformador, amante del cambio, esta persona idealizará la capacidad de analizar objetivamente cualquier situación. Trabajará en muchas causas humanitarias para curar a la sociedad de sus muchos defectos e injusticias que tienen lugar cada día. Sin embargo, tendrá que tener mucho cuidado cuando trabaje por el cambio y por los derechos de las personas en medio de una sociedad que cambia rápidamente.

Casa dos

Planeta - Urano (rebelde, revolucionario)

Casa - Segunda casa (dinero, posesiones, valores, habilidades)

Zodíaco - Acuario (reformador, humanitario)

Interpretación: Reformador de corazón, a esta persona le gusta provocar cambios positivos a su alrededor. Ya sea para sus amigos, compañeros o la sociedad en general, el cambio positivo impulsa a esta persona. Están dispuestos a dedicar su tiempo, esfuerzo, dinero, habilidades y energía a un propósito. Sin embargo, debido a su personalidad humanitaria, a menudo pueden acabar descuidando sus relaciones personales.

Casa cuatro

Planeta - Júpiter (filosófico, en busca de respuestas)

Casa - Cuarta casa (hogar, padres, raíces)

Zodíaco - Aries (pionero, guerrero)

Interpretación: Esta persona es conocida por ser un individualista intransigente que crece y se desarrolla filosóficamente y necesita explorar sus talentos y habilidades ocultos. Centrados principalmente en sus raíces y su familia, son pioneros y guerreros cuando luchan por sus familias. Se enorgullecen de sus logros. Sin embargo, pueden volverse egocéntricos e ignorar a veces las necesidades de las personas que les rodean.

Planeta - Saturno (lecciones kármicas, limitaciones temporales)

Casa - Cuarta casa (hogar, padres, raíces)

Zodíaco - Tauro (constructor, manifestador)

Interpretación: Con personalidad de constructor, esta persona necesita un orden adecuado en su vida y sentirse estable y seguir. Aunque desea ver cambios a su alrededor, no está del todo abierto a adaptarse a situaciones nuevas e impredecibles. Suelen experimentar lecciones kármicas y siempre aprenden de ellas. Sin embargo, su miedo constante a lo desconocido les hace parecer retraídos y ansiosos. Por eso, es importante que se rodeen de personas que les apoyen para ser más estables emocionalmente y autosuficientes.

Casa ocho

Planeta - Nodo norte

Casa - Octava casa (sexo, muerte, regeneración, compartir)

Zodíaco - Leo (artista, líder)

Interpretación: Considerado un líder natural, esta persona no rehúye la oportunidad de guiar a los demás hacia la consecución de sus objetivos. Disfruta organizando y delegando actividades de grupo. Debido a su personalidad entusiasta y fuerte, los demás escuchan sus sugerencias y las ponen en práctica en su trabajo. A diferencia de la mayoría de los líderes, no son condescendientes ni excesivamente dominantes en sus interacciones. Esta persona también tiene una gran personalidad que llama la atención y disfruta siendo el centro de atención siempre que hay una gran reunión. La gente suele querer a esta persona siempre que no se vuelva arrogante o egocéntrica.

Planeta - Luna (emociones, sentimientos nutritivos)

Casa - Octava casa (sexo, muerte, regeneración, compartir)

Zodíaco - Virgo (sanador, servidor, humilde)

Interpretación: Esta persona tiene una mentalidad seria y alegre al mismo tiempo. Tienen un sentido del humor estelar, una personalidad entusiasta y una mente centrada. Prefieren tareas que les ayuden a mantenerse ocupados mental y físicamente. Esta persona se considera una trabajadora cuidadosa y se desvivirá por ayudar a los demás sin ser nunca un esnob. Sus rasgos más destacados son el sentido práctico, la fiabilidad, la eficacia y el entusiasmo. A veces se les considera mojigatos, pero son totalmente devotos y cariñosos con sus seres queridos.

Casa Nueve

Planeta - Venus (belleza y arte, amor y relaciones)

Casa - Novena casa (educación superior, filosofía, religión, viajes, leyes)

Zodíaco - Virgo (sanador, servidor, humilde)

Interpretación: Esta persona expresa su amor y afecto sirviendo a la gente desinteresadamente. A menudo dudan de su autoestima y tienen problemas de baja autoestima en las relaciones. Esto debe evitarse, y deben aprender a amarse a sí mismos, tal como son, y luego buscar otras relaciones. Sus estándares de amor y perfección son muy altos, y a menudo se sienten atraídos por personas por un sentido del deber o la responsabilidad en lugar de un interés genuino. Además, a veces pueden ser superficiales consigo mismos y con los demás, lo que les lleva a distanciarse de cualquier persona a la que empiecen a acercarse.

Casa diez

Planeta - Sol (identidad única, potencial creativo)

Casa – Casa diez (carrera, estatus, reputación, propósito vocacional)

Zodíaco - Escorpio (psicólogo, transformador)

Interpretación: Aunque prefiere un enfoque directo en la vida, esta persona es en realidad muy compleja e intensa por naturaleza. Sus emociones en situaciones críticas son muy fuertes. Sin embargo, les resulta muy difícil expresar sus emociones con detalle y prefieren un enfoque simplista. Esta persona puede ser sociable y popular, pero necesita tiempo a solas para recargar las pilas y procesar sus emociones en paz. Suelen ser tranquilos y serenos, pero no perdonan cuando se enfadan. Tienen un gran potencial creativo y se toman muy en serio su carrera. Son conocidos por ser voluntariosos, tenaces y apasionados con sus carreras y reputación.

Casa once

Planeta - Mercurio (comunicación, pensamientos racionales)

Casa - Undécima casa (amigos, grupos, metas, aspiraciones)

Zodíaco - Sagitario (explorador, filósofo)

Interpretación: Tienen una mente exploradora, curiosa e inquisitiva y siempre buscan respuestas racionales y explicaciones lógicas. Se interesan por temas amplios, ya sea la filosofía, la ciencia o la religión. Sus aspiraciones residen en los detalles abstractos asociados a cualquier tema, y suelen centrarse en los pequeños detalles.

Casa doce

Planeta - Plutón (transformación, regeneración, destrucción)

Casa - Casa doce (soledad, trascendencia, instituciones, autosabotaje)

Zodíaco - Sagitario (explorador, filósofo)

Interpretación: Cuando trabajen por el cambio y la transformación, verán que sus esfuerzos regeneran con éxito las creencias más preciadas de la sociedad y cambian radicalmente conceptos fundamentales. Reafirmarán los derechos de los individuos a seguir su propio curso en la vida y a explorar diferentes filosofías.

Capítulo 3: Signos y elementos del zodíaco

El término zodíaco en astronomía o astrología define una banda en el cielo por la que pasan el Sol, la Luna y otros planetas, vistos desde la Tierra. El zodíaco consta de varias constelaciones, y el Sol u otros cuerpos celestes se mueven a través de estas constelaciones con el tiempo. Los antiguos griegos y romanos dividían estas constelaciones en signos del Zodíaco y creían que la posición de los cuerpos celestes podía predecir acontecimientos futuros. De ahí surgió el concepto de zodíaco astronómico y sus significados asociados.

Los símbolos signos
https://pxhere.com/en/photo/1001293

A cada individuo se le asigna un signo zodiacal en función de la constelación en la que se encontraba el Sol cuando nació. Los astrólogos creen que estos signos del Zodíaco predicen muchas cosas sobre una persona, desde sus gustos y aversiones hasta su personalidad y posiblemente incluso algunos aspectos de su futuro. Como se ha comentado en el capítulo anterior, estas predicciones se realizan mediante una carta astral. Además, es importante conocer los diferentes signos del Zodíaco y lo que transmiten sobre una persona. En este capítulo se detallarán los doce signos del Zodíaco, a qué elementos están asociados y las cualidades de cada signo.

Signos del Zodíaco

1. Aries

Las personas cuyo signo zodiacal es Aries suelen ser ambiciosas, motivadas y testarudas. Esta ferocidad se debe a que Marte es el planeta que rige este signo del Zodíaco. Ingeniosos y bromistas, los Aries son buenos en las redes sociales y persuasivos con casi todo el mundo que les rodea. Aunque se enfadan con facilidad, también es fácil calmarlos. Empezarán cualquier proyecto con entusiasmo y motivación, pero a menudo se encuentran dispersos y desviados.

La personalidad de Aries tiene aspectos positivos y negativos. Los Aries tienen una personalidad fuerte, no se desaniman fácilmente por pequeños contratiempos. Tienen unas ganas de vivir únicas y muestran un espíritu activo y enérgico. Sin embargo, pueden ser insensibles cuando se comunican en una situación conflictiva.

2. Tauro

Una característica dominante de este signo es su fuerza y su firme voluntad. El planeta asociado, Venus, hace que estos individuos sean aún más emocionales. Tercos y poco dispuestos a cambiar, los Tauro son algo rígidos. Sin embargo, su naturaleza empática hace que merezcan la pena. La lógica y el razonamiento no les afectan demasiado, pero las emociones y los sentimientos les persuaden más fácilmente.

Los Tauro son oportunistas, por lo que se dejan llevar por lo que les sale al paso en lugar de buscar oportunidades, lo que a menudo limita su éxito. Sin embargo, cuando tienen dinero, son muy generosos con él, especialmente con sus amigos y seres queridos. El lado positivo de Tauro es que son honestos y francos en todos sus tratos debido a su naturaleza empática. Sin embargo, a menudo les cuesta confiar plenamente en la gente y desconfían de todos los que les rodean.

3. Géminis

A diferencia del zodíaco anterior, la característica clave de Géminis es la adaptabilidad y la flexibilidad. La disposición al cambio en Géminis es realmente notable, lo que les ayuda a tomar decisiones instantáneas. El planeta regente, Mercurio, refuerza aún más este rasgo en Géminis, lo que se traduce en un enfoque de «actúa ahora y explica después». Este enfoque suele ser útil en situaciones complicadas en el trabajo o en el campo. Los Géminis son imaginativos, generosos y humildes con los que les rodean.

Su frecuente necesidad de cambio hace imposible que las condiciones existentes les satisfagan. El lado positivo de los Géminis se observa en su ingenio rápido, su mentalidad abierta y su naturaleza intelectual. La creatividad y la innovación surgen de forma natural en sus mentes. Sin embargo, debido a la naturaleza siempre cambiante de sus ideas, a menudo hacen varias cosas a la vez y terminan desviándose y sin terminar nada.

4. Cáncer

El planeta regente de este signo es la Luna y, al igual que ella, el zodíaco se asocia con mareas cambiantes y cambios de personalidad. Estos individuos se aferran a las tradiciones y la cultura, pero se mantienen al día con los tiempos cambiantes. Esta naturaleza contradictoria puede asociarse a la naturaleza fluida de la Luna. A los Cáncer les encanta estar con su familia y pasar tiempo en la comodidad de su hogar, pero también les encanta viajar a nuevos lugares. Las personas de este Zodíaco son muy sensibles, pero no lo demuestran a la gente que les rodea. Detestan las discusiones y prefieren evitar los conflictos antes que enfrentarse a ellos. Tampoco se les da bien recibir críticas y a menudo se las toman a pecho.

La ventaja de ser muy sensibles es que son extremadamente compasivos con la gente que les rodea. No soportan ver a los demás heridos, sobre todo por su culpa. Los Cáncer suelen resignarse al destino cuando ya no pueden soportar más dificultades. Se esconderán en su caparazón y carecerán de iniciativa para hacer cosas que requieran que se salgan de su camino. Este rasgo obstaculiza especialmente su camino hacia el éxito.

5. Leo

Los Leo tienen una personalidad poderosa y dominante y se les considera líderes natos. El planeta regente es el Sol, que da a los Leo la luz para brillar intensamente. Los Leo son ambiciosos e idealistas, lo que les hace susceptibles al fracaso por sus defectos. Son altivos e intelectuales. Sin embargo, también suelen ser prepotentes, lo que les lleva a cometer errores por exceso de confianza.

Su naturaleza impulsiva les convierte en blanco fácil de pequeños fracasos en las tareas cotidianas, pero son lo suficientemente valientes como para levantarse e intentarlo de nuevo. Su actitud magnética atrae a la gente y su personalidad encantadora les conquista fácilmente. Los Leo son optimistas, enérgicos y generosos. Nunca verá a un Leo ser tacaño cuando trata a los demás. Sin embargo, pueden ser un poco arrogantes en cuanto a su posición y poder, y a menudo maltratan a los demás. El egocentrismo es un rasgo común entre los Leo.

6. Virgo

Los Virgo son analizadores de temas profundos e interesantes y suelen ser las mentes más intelectuales de todo el zodíaco. El planeta regente, Mercurio, hace que sus decisiones sean más impulsivas, lo que suele ser una debilidad para sus mentes capaces. Su capacidad de persuasión es de las mejores y convence incluso a las personas más obstinadas. Sus mentes inquisitivas no les dejan descansar hasta que tienen todas las respuestas que buscan.

Se les da bien analizar una situación extrayendo información de las personas y haciendo suposiciones precisas sobre cualquier información que falte para crear una imagen clara. A diferencia de otros signos del Zodíaco, los Virgo son constantes con su trabajo y siempre terminan sus tareas casi a la perfección. Sin embargo, esta cualidad también pone de manifiesto algunas malas cualidades de su personalidad. Piensan que su trabajo es superior al de los demás y a veces son demasiado críticos con sus compañeros de trabajo.

7. Libra

Los Libra son muy amables y toman decisiones justas en lo que respecta a sus amistades y relaciones. Intentan mantener el equilibrio y promover la buena voluntad, la paz y la amistad, aunque tengan que desviarse de su camino para conseguirlo. Su planeta regente, Venus, hace que se sientan atraídos por la belleza y el arte. Su naturaleza simpática les hace imposible decir que no a un amigo o familiar necesitado. Incluso defenderían a un desconocido si pensaran que está siendo maltratado.

Su intuición es especialmente fuerte, lo que les ayuda a olfatear cualquier engaño o desinformación que puedan presentar los demás. Sin embargo, en su afán por que todo esté bien y equilibrado, a menudo son poco sinceros y mienten para evitar cualquier desequilibrio en la relación. Esto podría significar que ceden fácilmente en las discusiones, aunque sepan que tienen razón para no agravar más la situación.

8. Escorpio

Los Escorpio son individuos intrépidos, seguros de sí mismos y guiados por su autocontrol y audacia. Su planeta regente, Marte, sólo añade combustible a los ya apasionados Escorpio y les da la voluntad de enfrentarse a cualquier reto y obstáculo que se les presente. Los Escorpio son reservados, sensibles y muy observadores. Sin embargo, cuando se despiertan para pasar a la acción, nada puede interponerse en su camino hacia el éxito.

Cuando trabajan para otros, llegan muy alto, pero a menudo pueden volverse dominantes y agresivos, lo que provoca su caída final. Es su mayor debilidad. Los Escorpio son luchadores natos si se les presenta la oportunidad. Sin embargo, pueden mostrarse hipersensibles en muchas situaciones y presumir de sí mismos para hacer frente al abandono de sus seres queridos. Otra debilidad es que no controlan su temperamento y se enfadan con facilidad.

9. Sagitario

Los Sagitario son muy trabajadores y dan lo mejor de sí mismos cuando trabajan en un proyecto. Sin embargo, les cuesta concentrarse en proyectos de importancia inmediata. De su planeta regente, Júpiter, obtienen una personalidad alegre, jovial y vibrante que combinan con su entusiasmo y trabajo duro para conseguir la puntuación perfecta. Sin embargo, los Sagitario suelen trabajar en exceso y luchar contra la ansiedad a lo largo de sus proyectos. Por lo tanto, deben centrarse principalmente en proyectos gratificantes que hagan que sus luchas merezcan la pena. Los Sagitario son las personas más simpáticas y desenvueltas de todo el zodíaco. Una gran debilidad de los Sagitario es su mala gestión financiera. A menudo se sienten atraídos por el juego y otros vicios.

10. Capricornio

Este signo produce pensadores profundos, filosóficos y eruditos. Su intelecto también les ayuda a aplicar sus conocimientos a la vida práctica. Cuando trabajan en algo concreto, son deliberados y tranquilos. A diferencia de muchos signos del zodíaco impulsivos, los Capricornio muestran impulso y pasión por el conocimiento, pero lo abordan de forma erudita. Los Capricornio tienden a ser solitarios y prefieren la soledad para completar sus tareas. Sin embargo, este rasgo hace que a veces se sientan solos. Son caritativos, generosos y humildes con las personas que merecen ayuda. Para los amigos, los Capricornio son los más leales y dignos de confianza de todos los zodíacos. A veces, también pueden mostrarse demasiado mandones y alejar a la gente. También pueden ser excesivamente críticos con los demás y ofender a la gente cuando trabajan juntos.

11. Acuario

Los Acuario se dedican sobre todo a causas humanitarias y buscan hacer la vida más fácil a la gente. Asumen grandes misiones para ayudar a la gente y tienen una actitud amistosa, lo que les hace buenos amigos. Su planeta regente, Saturno, les proporciona la energía y la fuerza de voluntad necesarias para completar sus tareas con tranquila determinación. También son solitarios, pero a diferencia de los Capricornio, a los Acuario no les molesta la compañía cuando la tienen.

Los Acuario son muy tolerantes y considerados, lo que les hace bastante populares. Aun así, prefieren trabajar en soledad para centrarse por completo en la tarea que tienen entre manos. Los Acuario son soñadores, pero pueden dejarse llevar por sus sueños y parecerle bastante excéntricos a los demás. No les gusta admitir sus defectos y errores, lo que da lugar a opiniones fanáticas.

12. Piscis

Los Piscis son el grupo más modesto de todo el zodíaco. Son tan humildes que no se dan crédito a sí mismos ni siquiera cuando saben de ciertas cosas y dejan que otros se lleven el mérito. El planeta regente, Júpiter, dota a estos individuos de una naturaleza extremadamente generosa, por lo que dejan que los demás les pisoteen. No aprovechan las oportunidades y dejan que otros se lleven el protagonismo en estas circunstancias.

Cuanto más humildes son, más dudan de sus capacidades. En última instancia, esto se traduce en preocupación y ansiedad. Los Piscis son los más precavidos de todo el zodíaco y se lo pensarán varias veces antes de dar un salto. La naturaleza filosófica de este zodíaco a menudo hace que los individuos tengan talento para la música, el arte u otras actividades creativas. Sin embargo, los Piscis pierden buenas oportunidades y se deprimen y entristecen ante la vida debido a su actitud precavida.

Elementos

Los zodíacos se comprenden mejor por dos factores principales que los clasifican en ciertas categorías. Se trata de los elementos y las cualidades. Los elementos se refieren a la naturaleza fundamental de un signo, mientras que las cualidades tienen que ver con la forma en que los signos se expresan. Los antiguos griegos consideraban que el aire, la tierra, el fuego y el agua eran los componentes básicos del universo y de todo lo que hay en él. Cada signo del Zodíaco está asociado a uno de estos cuatro elementos. Estos elementos describen la naturaleza básica de la personalidad de un individuo. Para comprender correctamente los signos del Zodíaco, debemos entender lo que representan estos elementos.

1. Tierra

Virgo, Tauro y Capricornio son signos de tierra. Cualquier persona vinculada a estos signos suele ser una persona segura y estable, anclada en la realidad. No son muy dados a correr riesgos y a evitar los conflictos. El elemento tierra representa la construcción o la creación de cosas, por lo que los signos del Zodíaco de tierra desean crear o construir cosas en su vida. Tanto si se trata de aspectos sólidos, físicos o emocionales fuertes, los de elemento tierra se centran en la estabilidad.

Puede ser algo tan sencillo como crear habitaciones confortables en una casa o crear puestos de trabajo u oportunidades para los demás. Los signos con el elemento tierra se ven influidos a acumular posesiones mundanas a su alrededor para tener una sensación de estabilidad. Sin embargo, este rasgo puede convertirse en un hábito malsano cuando los individuos se vuelven codiciosos o materialistas.

El elemento tierra representa el sentido del deber y la responsabilidad, y los signos del Zodíaco asociados con el elemento tierra sienten la necesidad de ayudar y apoyar a las personas de su entorno. Los signos de elemento tierra son lógicos y adoptan un enfoque mesurado que garantiza poco o ningún riesgo. Sin embargo, estas personas están tan centradas en el resultado que a veces pasan por alto los sentimientos de los demás. En resumen, los signos del Zodíaco apoyados en la tierra tienen los pies en el suelo y la vista en el premio.

2. Aire

Libra, Géminis y Acuario son signos de aire. Los signos del Zodíaco favorecidos por este elemento tienen la ventaja añadida del intelecto. Estos individuos son pensadores inteligentes y pueden razonar de forma abstracta. Su intelecto se combina con su mente creativa para crear pensadores críticos. A los signos del zodíaco de aire les encanta comunicar sus pensamientos e ideas al mundo.

Analizan las cosas en profundidad y pueden ser muy útiles en un dilema. Los signos de aire no son ni demasiado luchadores ni demasiado tranquilos. Dependiendo de su estado de ánimo, pueden tener una actitud tranquila y serena como una brisa fresca, pero pueden enfadarse fácilmente como el viento aullante. Los signos de aire son humanitarios y suelen intentar ayudar a los demás en la medida de sus posibilidades. Con su pensamiento objetivo y su naturaleza cooperativa, ningún asunto es demasiado difícil de resolver para ellos.

3. Agua

Asociada a Cáncer, Escorpio y Piscis, el agua representa la naturaleza fluida de estos signos. El agua es fluida, vacilante y corriente, al igual que las cualidades de estos signos del Zodíaco. Los signos de agua tienen un mayor sentido de la intuición y sienten todo con mucha más intensidad que los demás. Estos signos son emocionales y cariñosos, y suelen actuar basándose en las emociones más que en la lógica.

Los signos de agua son muy compasivos con los demás, sienten sus problemas como propios y buscarán soluciones para ellos. A los regidos por el agua les encantan las cosas bellas y estéticas, ya sea el arte, la música o la naturaleza. Desean la belleza y quieren que los demás sean felices gracias a ella. Al igual que el agua, estos signos del Zodíaco, si se estancan, pueden perder el rumbo y volverse autoindulgentes.

4. Fuego

Sagitario, Aries y Leo son signos de fuego. Como era de esperar, los signos del Zodíaco agraciados por el fuego son realmente feroces. Estos signos son apasionados, ambiciosos y nunca les falta valor. Sin embargo, al igual que el fuego, resulta muy difícil contenerlos si se descontrolan. El elemento fuego confiere a estos signos del Zodíaco un espíritu vivo y una gran creatividad. Las personas agraciadas con el elemento fuego son seguras de sí mismas, espontáneas y tienen un enorme entusiasmo por la vida. Estos signos son los más apasionados en una relación amorosa.

Cualidades

La cualidad de un zodíaco define la actitud de un individuo ante la vida y su forma de abordar los proyectos y las distintas tareas. Las cualidades se explican a continuación:

1. Cardinal

Cáncer, Aries, Capricornio y Libra tienen cualidades cardinales. Estos signos son los iniciadores del zodíaco, además de estar situados en los puntos de arranque de la rueda de cartas natales. Aries se sitúa en el ascendente, y así sucesivamente. Los signos con cualidad cardinal quieren poner las cosas en marcha. Son ambiciosos, rápidos y activos. Los cardinales inician muchos proyectos, pero no consiguen llevarlos a buen término porque los signos con esta cualidad están más interesados en empezar cosas que en terminarlas. La energía cardinal a veces puede parecer prepotente, pero este impulso les ayuda a completar muchas tareas.

2. Fijo

Las cualidades fijas se asocian con Escorpio, Tauro, Leo y Acuario. Estos individuos prefieren la constancia al ritmo. Trabajarán en sus proyectos con calma y serenidad y los llevarán a término. Estos individuos están decididos a completar sus tareas y tienen un enfoque estable para la resolución de problemas. Los signos de cualidad fija son muy autosuficientes y nunca dudan de sí mismos mientras avanzan con paso firme hacia sus objetivos. En el lado opuesto, estos signos pueden ser rígidos y obstinados ante entornos cambiantes.

3. Mutables

Virgo, Piscis, Géminis y Sagitario son signos mutables que son más flexibles en su enfoque de la vida. Estos individuos están dispuestos a cambiar su comportamiento, enfoque y expresiones dependiendo de las circunstancias. Son muy ingeniosos y apreciados por los demás debido a su personalidad flexible. Tienen un fuerte sexto sentido que les ayuda a detectar posibles oportunidades y a darles la forma que mejor funcione. Sin embargo, su deseo de agradar a todo el mundo es el mismo que les mete en problemas.

He aquí un cuadro fácil de entender que resume las lecciones y conocimientos de los signos del Zodíaco y sus características.

Signo del Zodíaco	Planeta regente	Símbolo	Glifo	Calidad	Elemento
Aries	Marte	Carnero	♈	Cardinal	Fuego
Tauro	Venus	Toro	♉	Fijo	Tierra
Géminis	Mercurio	Gemelos	♊	Mutable	Aire
Cáncer	Luna	Cangrejo	♋	Cardinal	Agua
Leo	Sol	León	♌	Fijo	Fuego
Virgo	Mercurio	Virgen	♍	Mutable	Tierra
Libra	Venus	Escamas	♎	Cardinal	Aire
Escorpio	Plutón, Marte	Escorpión	♏	Fijo	Agua
Sagitario	Júpiter	Arquero	♐	Mutable	Fuego
Capricornio	Saturno	Cabra de mar	♑	Cardinal	Tierra
Acuario	Urano, Saturno	Portador de agua	♒	Fijo	Aire
Piscis	Neptuno, Júpiter	Pez	♓	Mutable	Agua

El desarrollo de los signos del zodíaco tiene una rica historia en la astronomía. Aunque empezó asociando a las personas con su signo zodiacal de nacimiento, la astrología moderna tiene en cuenta los doce signos del Zodíaco. Los combina con las doce casas y la posición de los planetas en cada ocasión. Esta información combinada nos da una imagen mucho más clara de nuestro horóscopo que una simple predicción zodiacal. Cada signo del Zodíaco está regido por uno o varios planetas que influyen significativamente en sus características. Del mismo modo, cada una de las cualidades y elementos influye en cómo se conforman los rasgos y características de un determinado signo del Zodíaco. Por lo tanto, cada factor tiene un significado único a la hora de interpretar los signos o las lecturas de la carta natal de una persona.

Capítulo 4: Planetas y retrógrados

La Tierra está rodeada por dos cuerpos luminosos, el Sol, la Luna y ocho planetas. Cada cuerpo lleva una profunda cantidad de energía específica. Estas energías planetarias afectan en todos los niveles.

No sólo su energía influye en su vida, sino también sus movimientos. Estos cuerpos giran alrededor del Sol y se cruzan con los doce signos del universo. Cada signo zodiacal lleva su energía, de modo que cuando un cuerpo planetario se encuentra con un signo zodiacal, crea un campo energético diferente que afecta su vida.

Este capítulo enseñará los movimientos y el ritmo de los planetas. También aprenderá cómo estos movimientos aparentemente sutiles influyen sobre su vida en el espacio.

Ritmo

En astrología, los planetas se dividen en dos grupos: planetas interiores y planetas exteriores. Los planetas interiores se mueven mucho más rápido que los exteriores, lo que significa que sentirá sus efectos más que el de los planetas exteriores.

A medida que los planetas recorren la carta natal, crean aspectos. Los aspectos son ángulos creados por los planetas. Estos ángulos son una expresión de la energía que dos planetas crean juntos.

Planetas interiores

☉ Sol

Este cuerpo luminoso se mueve un grado cada día en su carta natal. Esto significa que permanece en el mismo signo zodiacal durante treinta días y que tarda 360 días en volver al mismo grado que su Sol natal. Debido a su rapidez, los aspectos creados por el Sol duran tres días.

El Sol representa el núcleo de su personalidad y su ego. Es importante que comprenda que sólo refleja quién es usted en el fondo, pero no es una expresión de quién es como ser complejo. Representa su lado masculino, junto con su carisma, confianza y creatividad.

Cuando el Sol se desplaza, empieza a cuestionar su identidad. Los sentimientos que este movimiento puede inspirarle dependen exclusivamente de sus aspectos. Los aspectos duros pueden hacer que se sienta insatisfecho, mientras que los aspectos suaves crean un ambiente armonioso.

☾ Luna

Por término medio, la Luna viaja al siguiente signo en un plazo de dos a dos días y medio. Esto significa que la Luna tarda veintiocho días en completar su ciclo alrededor de la carta. Sus aspectos duran tres horas.

La Luna es sus emociones y representa su lado femenino. Incluye la intuición, la suavidad, la vulnerabilidad y el cuidado.

Sus emociones son totalmente vulnerables a los movimientos de la Luna. Experimentará fluctuaciones emocionales cada vez que la Luna viaje a un signo diferente o tenga aspectos con otros planetas.

☿ Mercurio

Mercurio pasa unas tres semanas en un signo y completa su ciclo al cabo de 88 días. Normalmente, los aspectos que crea duran aproximadamente dos días.

Este planeta representa su mente, incluyendo las habilidades y el estilo de comunicación, las capacidades cognitivas e intelectuales, la percepción y los patrones de pensamiento. Se encarga principalmente del lado consciente de su cerebro y se relaciona más con la lógica que con lo abstracto. Mercurio también representa los viajes cortos, afectando a cosas como los vehículos y diversos medios de transporte.

Dependiendo de la nueva ubicación del planeta, es posible que experimente fluctuaciones mentales en la carretera o su auto. Puede afectar sus viajes, especialmente al trayecto de ida.

♀ Venus

Venus suele estacionarse durante dieciocho días en un signo cuando viaja por los signos y luego se desplaza. Tarda 224,5 días en completar su ciclo, y sus aspectos duran dos días.

Venus es el planeta de las relaciones, el amor, la vida, la belleza y las finanzas. El planeta rige todas las relaciones y no se limita al romance. También se asocia con el arte, las posesiones, la vida social, la sensualidad y el placer.

Las relaciones y otros aspectos de la vida venusina pueden sufrir cambios periódicos con los movimientos y aspectos del planeta. Sin embargo, aunque experimente un aspecto duro, sólo durará unos días.

♂ Marte

Marte pasa alrededor de dos meses en un signo y veintidós meses para cubrir toda la carta natal. Sus aspectos duran aproximadamente una semana.

Este planeta rige las actividades físicas, la energía sexual, la fuerza, la agresividad, el comportamiento animal, la valentía y el deseo. También está relacionado con las armas, la violencia, la guerra y los accidentes.

Los efectos de Marte suelen dejarse sentir por su fuerte impacto. Por lo tanto, cuando se mueva, es posible que se encuentre en situaciones que surgen de la nada. Podrían ser contundentes y perturbar su rutina diaria.

Dependiendo de su colocación y de sus aspectos, es posible que se vea envuelto en una pelea que no ha iniciado o que se enoje con facilidad y sienta la ira correr por sus venas sin un motivo concreto.

♃ Júpiter

Júpiter permanece un año entero bajo un signo, lo que significa que completa su viaje cada doce años. Los aspectos que crea suelen durar tres semanas.

Júpiter es conocido como el planeta de la buena fortuna. También rige los viajes de larga distancia, la mente abstracta, la filosofía, la religión, la indulgencia, el ocio, la suerte, el crecimiento y la prosperidad.

Por lo general, no hay de qué preocuparse con el movimiento de este planeta, ya que le traerá buena fortuna. Sin embargo, el único factor que podría empañar su buena suerte son los aspectos difíciles de Júpiter.

Planetas exteriores

♄ Saturno

Saturno pasa dos años y medio en cada signo y tarda veintinueve años y medio en alcanzar su posición natal. Los aspectos que crea duran una media de seis semanas.

Conocido como el maestro, Saturno rige la disciplina, el orden, la ambición, la responsabilidad, la tradición y la paciencia. Provoca limitaciones y restricciones para enseñarle de qué carece.

Este planeta es algo temido porque puede quitarle bendiciones a su vida. Sin embargo, esto sólo dura poco tiempo. Será inmune a sus efectos cuando haya aprendido la lección.

♅ Urano

Urano pasa siete años en cada signo y tarda unos 84 años en aterrizar en su posición natal. Sus aspectos duran tres meses.

Este planeta se asocia con la originalidad, la excentricidad, la rebeldía, la innovación, la tecnología, la magia, la psicología y la astrología. Provoca cambios repentinos y perturbaciones. Se ocupa de cuestiones humanitarias y es futurista. Naturalmente, afecta a las causas humanitarias y apoya las ideas innovadoras y futuristas.

Los efectos de este planeta suelen ser inesperados porque dependen de la casa en la que se encuentre y de sus aspectos con otros planetas. Por lo tanto, revise el tránsito de Urano para saber qué cambios podría experimentar cada siete años.

♆ Neptuno

Neptuno permanece catorce años en cada signo y tarda 164 en completar un ciclo completo alrededor de la carta natal. Sus aspectos duran dos años de media.

Este planeta rige las masas de agua, el arte, la música, la espiritualidad, las ilusiones, los sueños, el subconsciente, las drogas, la drogadicción, la hipnosis, el sonambulismo y los trances.

Por lo general, los efectos de Neptuno no se dejan sentir inmediatamente. Tardará algún tiempo en asentarse en un signo, y luego creará ciertos temas en su vida durante catorce años. Puede conocer sus efectos neptunianos estudiando el signo en el que se encuentra actualmente.

♇ Plutón

Plutón permanece en cada signo entre catorce y treinta años. Puede tardar unos 248 años en completar su ciclo alrededor de su carta natal. Sus aspectos pueden durar varias semanas, pero depende de su velocidad.

Plutón es un planeta intenso. Rige todo lo oculto, la muerte, el renacimiento, la transformación, las obsesiones, las fobias, los comienzos, los finales y el aislamiento. También rige cosas oscuras como la coacción, los secuestros, los virus y las bacterias.

Normalmente, Plutón se percibe como el planeta de la transformación. Por lo tanto, dondequiera que se encuentre en su carta natal, se transforma en función de su posición actual. Debe estudiar su signo actual y compararlo con su Plutón natal para interpretar correctamente los efectos de este planeta.

Planetas retrógrados

Ahora que ya tiene una idea sobre los movimientos de los planetas, es hora de aprender sobre los retrógrados planetarios. Los retrógrados son movimientos planetarios en los que los planetas parecen retroceder durante un cierto período y luego vuelven a su patrón normal.

Los planetas no retroceden. La Tierra simplemente se mueve más rápido que la órbita del planeta. Por lo tanto, parece que el planeta retrocede.

Mercurio

Mercurio retrógrado. Aunque no esté familiarizado con la astrología, probablemente haya oído hablar de este término en alguna parte. Este fenómeno ocurre aproximadamente tres veces al año y suele durar tres semanas.

Este movimiento periódico tiene algunas ventajas y desventajas. Durante este tiempo, es posible que sienta nostalgia. Puede que piense en sus cosas favoritas de la infancia o que se entretenga con la nostalgia y viva momentos entrañables.

Otra ventaja es volver a conectar con la gente. Este planeta rige la comunicación, así que tiene sentido que cuando esté retrógrado, vuelva a conectar con los amigos con los que ha perdido el contacto.

Una de las desventajas con las que podría lidiar durante este tiempo es la tecnología y los problemas de transporte. También es bastante fácil crear conflictos durante este periodo porque hay mucho espacio para la comunicación.

Debería estar atento a la comunicación y asegurarse de que entiende correctamente a la gente para evitar malentendidos.

Los astrólogos advierten contra la firma de contratos porque sus capacidades cognitivas suelen estar ligeramente nubladas.

Venus

Venus entra en retrogradación aproximadamente cada dieciocho meses y dura unos cuarenta días. Este planeta es el más cercano a la Tierra, por lo que sus efectos son significativamente potentes. Su retrogradación desentierra problemas de pareja reprimidos y los saca a la superficie.

Discutir los problemas de pareja podría considerarse una desventaja, pero Venus quiere que sane y experimente relaciones más sanas, así que le ayuda sacándolos a relucir.

También podría enfrentarse cara a cara con sus inseguridades físicas, que son desagradables de experimentar y tratar.

Sin embargo, el lado positivo de Venus retrógrado es la curación. Aunque es incómodo, la aceptación, la conciencia y la curación son sus herramientas durante este tiempo difícil.

Por muy fuerte que sea el impulso de huir de sus problemas, debe ser lo suficientemente compasivo y valiente como para emprender este viaje. Así que, evite huir y comience su viaje de sanación durante este tiempo.

Marte

Marte entra en retrogradación cada veintiséis meses y dura 80 días, lo que significa que no lo experimenta tan a menudo como otras retrogradaciones planetarias. Experimentará un estancamiento en su vida sexual y sus niveles de energía descenderán significativamente. El retrógrado puede hacer aflorar la ira contenida, por lo que podría estar más enfadado de lo habitual durante este periodo.

La mejor forma de enfrentarse a Marte retrógrado es encontrar formas sanas de manejar la ira reprimida.

Probablemente sea mejor evitar actuar por impulso o entretener su agresividad. Puede que lo mejor sea sentarse, reflexionar sobre sus sentimientos y tomarse un tiempo para no iniciar nuevos proyectos o poner las cosas en movimiento. Ahora es el momento de relajarse.

Júpiter

Este planeta retrocede cada nueve meses y permanece en esta posición durante aproximadamente cuatro meses. Durante este tiempo, se es más introspectivo y filosófico. Es muy probable que se cuestione todo lo que le rodea. Mirará con lupa leyes, normas, religiones y creencias inculcadas en su interior y nunca antes cuestionadas.

Una de las distinciones de esta época es que sacude su fe ciega y le provoca cuestionarla. Esto puede ser algo difícil de atravesar, pero Júpiter le empuja a conectar con su mente superior y su yo espiritual.

Puede que lo mejor sea evitar resistirse al planeta y abrirse al universo.

Se recomienda liberarse de las falsas creencias y ejercer la autodisciplina, ya que el retrógrado podría hacer que desee autocomplacerse de forma poco saludable.

Saturno

Saturno retrograda una vez al año y permanece así durante cuatro meses y medio. Esta época del año es desafiante y aprenderá a enfrentarse a su crítico interior. Es duro porque los críticos internos son duros y difíciles de complacer. Se sentirá restringido durante este tiempo y se enfrentará a limitaciones basadas en el miedo.

A nadie le gusta sentirse limitado, pero deberá soportar este factor desfavorable de este periodo. Por otro lado, saldrá de este periodo con expectativas más realistas de sí mismo. Podrá ser más disciplinado y paciente cuando termine el retrógrado.

Huir de las responsabilidades y ceder a las limitaciones basadas en el miedo no son recomendables durante este periodo.

Es mejor que acepte sus limitaciones como ser humano y aprenda la lección que le enseña el planeta.

Las lecciones de Saturno se basan en la casa, el signo y los aspectos de su carta natal. Por lo tanto, revise su carta natal para comprender qué áreas necesitan mejorar en su vida.

Urano

Urano retrograda cada año y permanece en este movimiento durante cinco meses. Este movimiento retrógrado puede hacerle perder el control: justo cuando todo va bien, de repente, su mundo se ve sacudido por un terremoto. Es una llamada de atención que le recuerda su auténtico yo, aquel que puede haber estado reprimiendo.

Puede ponerle en situaciones difíciles para que enfrente verdades que ha estado evitando. Por desagradable que esto sea, tendrá que salir de estas situaciones aferrándose a su verdad y haciendo lo que es mejor para usted.

Si el planeta le empuja a ser usted mismo, puede ponerle en situaciones en las que su verdadero yo esté reprimido y no pueda vivir con autenticidad. Sea cual sea su situación, tendrá que encontrar la manera de manejar este cambio repentino con la cabeza despejada.

Este planeta intentará liberarle de los grilletes de la tradición y del pensamiento anticuado y de sus partes inauténticas. Así que, durante este tiempo, evite aferrarse a la seguridad de la norma y láncese a lo desconocido. El planeta le bendecirá con buenos resultados si se deja llevar y confía en que estará bien.

Neptuno

Neptuno retrograda una vez al año y permanece en esta fase durante aproximadamente seis meses. Normalmente, este planeta le protege de las duras realidades, lo que significa que cuando retrograda, el velo cae.

Esta experiencia puede ser difícil porque se enfrenta a sentimientos, pensamientos e impulsos ocultos. Una parte diferente de usted saldrá a la superficie y no le gustará. El planeta despoja su negación y debe enfrentarse a su realidad.

El único beneficio real de Neptuno retrógrado es que se enfrenta a realidades no tratadas, tanto si son suyas como si le rodean.

La negación puede ser muy tentadora en esta época del año, pero es vital que resista este impulso. Si se resiste a la influencia de Neptuno, puede obligarle severamente a ver la verdad. Por lo tanto, es mejor que acepte su verdad.

También puede sentirse atraído por el consumo de drogas durante el retrógrado. Disfrutar de una copa de vino es inofensivo, pero utilizar el alcohol para evadirse no es recomendable durante este tiempo. Neptuno rige el consumo de alcohol, así que si lo utiliza para escapar, Neptuno se asegurará de que la verdad le persiga hasta que la haya enfrentado.

Plutón

Plutón retrograda una vez al año y permanece retrógrado durante cinco o seis meses. Como ya hemos dicho, Plutón rige todo lo oculto. Por lo tanto, durante su retrogradación, se enfrentará a cosas ocultas o sus secretos saldrán a la luz.

Es posible que experimente recuerdos o sentimientos perturbadores de los que su subconsciente le ha protegido. Puede que le vengan en sueños o que los recuerde de repente, pero no será agradable en ninguno de los dos casos.

La transformación es necesaria; sin embargo, puede ser dolorosa. Por desgracia, las transformaciones de Plutón rompen o hacen añicos todo su mundo. Este puede ser un momento desafiante, pero debe recordar que pronto conocerá a su nuevo y más evolucionado yo. La sola idea puede ser reconfortante cuando la vida se vuelve oscura.

Durante este tiempo, evite resistirse a la transformación. Lo más inteligente es aceptarla. Aceptar este momento de su vida puede ayudarle a ser más autocompasivo y a atravesar este periodo con toda la gracia que pueda.

Observar los movimientos planetarios es fundamental para comprender la fase actual que está viviendo. A veces se encontrará en circunstancias extrañas y no sabrá por qué o cómo ha acabado en estas situaciones. Normalmente, cuando se cuestiona su vida porque de repente las cosas no le parecen bien, lo más probable es que se deba a movimientos planetarios que le piden que haga los cambios necesarios.

Capítulo 5: Fases de la Luna y nodos

La Luna es un cuerpo celeste poderoso. Principalmente tiene energía femenina; sin embargo, no es tan sencillo. Cada mes, la Luna atraviesa nueve fases diferentes, cada una con una energía determinada que le afecta de forma diferente.

En este capítulo, conocerá las fases en detalle y verá una introducción a sus nodos.

Las fases de la Luna
https://www.pexels.com/photo/phases-of-the-moon-1983032/

Las fases lunares

Luna nueva

La luna nueva es la primera fase lunar del ciclo. Se ve justo después de la luna oscura, cuando este cuerpo luminoso desaparece por completo. Parece una minúscula astilla de Luna, lo que tiene sentido porque es justo cuando la Luna está entre la Tierra y el Sol, por lo que, normalmente, no se ve gran cosa de ella.

Luna nueva
https://www.pexels.com/photo/silhouette-of-mountain-under-the-moon-covered-with-clouds-4100130/

Esta luna simboliza nuevos comienzos, nuevos capítulos, entusiasmo, energía y motivación, y esta fase conlleva mucha energía. Puede poner fin a una fase horrible de su vida, darle algo de motivación o bendecirle con una explosión de energía de la que carece.

Puede aprovechar la energía de esta fase de varias maneras. Por ejemplo, si ha querido embarcarse en un proyecto, ya sea en su vida personal o laboral, ahora es el momento de hacerlo. Puede reflexionar sobre su vida durante este tiempo. Pregúntese: ¿Qué camino debería tomar ahora? ¿Es hora de iniciarme en algo nuevo? ¿Debería explorar un nuevo capítulo en mi vida?

Luna creciente

El creciente es la segunda fase de la luna y se produce dos días después de la luna nueva. Por su nombre, ya sabrá que parece una medialuna plateada brillante en el cielo nocturno. Es cuando se ve lo brillante que es la luna después de dos fases en las que ha proporcionado poca o ninguna luz.

Luna creciente
https://commons.wikimedia.org/wiki/File:Waxing_crescent_moon.jpg

La luna creciente simboliza el valor, las nuevas oportunidades, la fe, el positivismo y los nuevos retos. No influye en el comportamiento imprudente o impulsivo, sino que se anima a dar saltos de confianza sin pensar demasiado las cosas. No quiere que se desanime, así que le da un poco de valentía y confianza.

Este tiempo es ideal para trabajar su confianza. Reflexione sobre las áreas en las que cree que falta confianza y enfréntese a ellas. Déjese influir por las energías que le ofrece la Luna. Sea más valiente y hable. Lo que tiene que decir es importante, y cualquier nueva oportunidad que se le presente ahora debe ser tenida en cuenta. Evite descartarlas por ansiedad y miedo. Crea en usted mismo y en el universo.

Cuarto creciente

El cuarto creciente es la tercera fase. Aparece una semana después de la luna nueva. Tiene el aspecto de una media luna en el cielo, por lo que en ocasiones se la denomina media luna.

Cuarto creciente de luna
Jim Evans, CC BY-SA 4.0 https://creativecommons.org/licenses/by-sa/4.0, *vía Wikimedia Commons* https://commons.wikimedia.org/wiki/File:1st_Quarser_Moon.jpg

Si la mitad de la Luna es brillante y clara, la otra es oscura y está oculta, similar a una relación binaria entre lo que se puede ver y lo que no. Por lo tanto, esta fase simboliza la fuerza, la concentración, el compromiso, la determinación, la toma de decisiones decisivas y la reevaluación. También podría representar lo que no podemos ver, ya sea en nuestro interior o lo que hay más allá de nosotros.

En este momento del mes, debería reevaluarse a fondo. Puede escribir sus conclusiones en un diario para facilitar este proceso. Piense en cómo se ha estado tratando a usted mismo y a los demás. ¿Está trabajando en sus objetivos paso a paso? ¿Evita ponerse objetivos por miedo? Reevalúe a las personas a las que dedica su tiempo, energía y amor. ¿Merecen la pena? ¿Qué hacen a cambio? Comprométase a superarse durante este tiempo, deshágase del miedo a lo desconocido y no deje que obstaculice su camino.

Luna gibosa creciente

La luna gibosa creciente aparece después del primer cuarto y justo antes de la luna llena, lo cual es una posición interesante. Esta luna parece una bola brillante en el cielo, pero aún no puede verla del todo llena.

Luna gibosa Creciente

Opoterser, CC BY 3.0 https://creativecommons.org/licenses/by/3.0, vía Wikimedia Commons https://commons.wikimedia.org/wiki/File:Gibbous_Moon.jpg

Como ya se ha mencionado, esta fase es interesante porque se produce justo antes de la luna llena. ¿Por qué es importante? Significa que se anima a desarrollar todo su potencial. Simboliza el desarrollo, la autoestima, la riqueza, las ganancias y la manifestación.

Durante esta fase, puede manifestar lo que desea en su vida, ya sea un determinado estilo de vida, amigos, situación, dinero o cualquier otra cosa que tenga en mente. Después de esto, puede empezar a pensar en cómo desarrollarlo. Si la seguridad financiera le ha estado preocupando últimamente, esfuércese más en encontrar un ingreso pasivo o comience un trabajo secundario fácil porque la Luna le bendecirá con ganar lo que le falte durante este tiempo.

Además, piense en cómo puede alcanzar todo su potencial. Puede que necesite trabajar en algunas habilidades o descubrir cosas nuevas sobre usted mismo. Podría leer más y adquirir más conocimientos. Utilice la brillante iluminación de la Luna e ilumine su mente con conocimiento.

Luna llena

La luna llena es el punto medio de las fases lunares. Es lo más brillante que puede llegar a ser la Luna. Viene justo después de la luna gibosa creciente y no es difícil de identificar. Está llena y brillante, tanto que ilumina todo el cielo.

Luna llena
Gregory H. Revera, CC BY-SA 3.0 https://creativecommons.org/licenses/by-sa/3.0, *vía Wikimedia Commons* https://commons.wikimedia.org/wiki/File:FullMoon2010.jpg

Esta fase simboliza la abundancia, la fertilidad, el florecimiento, los momentos emocionales, la energía poderosa y la curación. Esta luna es conocida como una de las lunas más poderosas. Proporciona una amplia iluminación y esclarecimiento. De repente, todo está claro para usted, y comprender o navegar por sus emociones ya no es difícil.

Es posible que se sienta emocionado durante este periodo. Acójalo, no huya de él. La Luna, después de todo, rige las emociones, así que cuando está llena, ilumina sus emociones. Puede reflexionar sobre cómo se siente y escribirlo. Piense en ello o háblelo con su terapeuta si es necesario. Puede que se enfrente a emociones difíciles durante este tiempo si es de los que huyen o se esconden de ellas.

Aparte de sus sentimientos, puede trabajar su gratitud. Cuanto más agradecido sea, más bendiciones recibirá del universo. Es el momento perfecto para ello, ya que la Luna le está proporcionando abundancia.

Luna gibosa menguante

La luna gibosa menguante viene después de la luna llena cuando las fases son paralelas entre sí. Se parece a la luna gibosa creciente, excepto que el lado sombrío está al otro lado.

Luna gibosa menguante

Serge Meunier de Holanda, CC BY 2.0 https://creativecommons.org/licenses/by/2.0, *vía Wikimedia Commons* https://commons.wikimedia.org/wiki/File:Waning_gibbous_moon_near_last_quarser_-_23_Sept._2016.png

Recuerde, cada fase de la luna llena tendrá que ver con deshacerse de algo o terminar un capítulo. Cuando nos acercamos a la luna llena, estamos ganando y desarrollándonos. Sin embargo, a medida que nos alejamos de ella, empezamos a deshacernos de cosas para iniciar un nuevo ciclo.

Esta fase simboliza deshacerse de los hábitos inútiles o de las cosas que le traen disgustos o dificultan su progreso. También podría aplicarse a pensamientos poco saludables o hábitos destructivos, como el autosabotaje.

Considere la posibilidad de reflexionar sobre los rasgos o hábitos de los que necesita desprenderse durante este tiempo. Cosas que le han estado entreteniendo inconscientemente. Debe ser consciente de que esas cosas ya no le sirven, así que es hora de que se deshaga de ellas.

Cuarto menguante

El cuarto menguante aparece después de la gibosa menguante. Se parece al cuarto creciente. Cuando se mira al cielo, se ve cada vez menos Luna a medida que el ciclo llega a su fin.

Esta fase también tiene un lado de sombra. Por lo tanto, simboliza el trabajo en la sombra. El yo en la sombra contiene rasgos que no le gustan de usted mismo, como cosas que hace que lo hunden y no construyen. Prestando atención a esta parte de usted mismo, puede eliminar ciertos rasgos o comportamientos tóxicos para convertirse en una persona mejor.

El trabajo en la sombra es un aspecto importante de la espiritualidad. Puede aprender sobre esta parte de usted localizando la posición de Lilith Luna negra en su carta natal y comprendiendo cómo le afecta a usted y a los que le rodean. El trabajo en la sombra no es un viaje fácil de emprender, pero es necesario para el autodesarrollo.

Luna menguante

La luna menguante aparece después del cuarto menguante. De nuevo, se parece a la luna creciente.

Esta fase simboliza el desapego y el aislamiento. Pueden ser energías difíciles; sin embargo, son necesarias para su bienestar. Estar conectado al mundo todo el tiempo es agotador, sobre todo si aún no ha prestado atención a sus niveles de energía. Pasar tiempo consigo mismo puede revelar muchas cosas que necesitan su atención. Puede ser cualquier cosa, desde sus sentimientos, pensamientos no abordados y autocuidado.

Durante esta fase, puede decir a sus amigos que se tomará un tiempo para usted. Siéntese consigo mismo después del trabajo, tenga una cita o disfrute de cualquier actividad que le guste. Puede escribir un diario o tomar notas de un libro de autoayuda. No hay reglas que deba seguir siempre y cuando pase tiempo consigo mismo y evite descuidarse.

Luna oscura

La luna oscura es la luna final de la fase lunar. Aparece dos días antes de la luna nueva. No puede verla porque apenas está allí. Es casi como si hubiera desaparecido del cielo.

Esta fase simboliza los finales, la sabiduría, el nacimiento, el renacimiento, los secretos, la transformación, la liberación de traumas y dolores internos, la quietud y la muerte. Por supuesto, acontecimientos como la muerte, el nacimiento y el renacimiento no son literales con esta fase lunar. Representan el ciclo interior por el que pasa cuando se transforma. Lo viejo muere y lo nuevo renace.

Reflexione sobre el trabajo en la sombra que ha realizado anteriormente y empiece a desprenderse del viejo yo durante esta fase. Atravesar una fase de transformación puede ser difícil, así que sea compasivo consigo mismo durante este difícil periodo. Ejerza el amor propio durante este tiempo porque reconocer su yo en la sombra no significa que no valga nada o que no merezca amor.

Es posible que experimente miedo porque siente que está perdiendo partes de usted mismo, lo cual es normal. Está perdiendo partes de usted mismo, pero son aquellas de las que necesitas desprenderse para obtener un yo más sano.

Los nodos lunares

Los nodos lunares, también conocidos como los nodos norte y sur, son dos puntos de intersección de la órbita de la Luna cuando cruza la ecléctica. Estos nodos juegan un papel vital en la astrología kármica. Simplemente, los nodos cuentan una historia de su vida pasada. Ambos llevan información sobre su karma de esta vida basada en su vida pasada.

Comprenda que los nodos van de la mano. No se puede entender el significado de uno sin el otro. Juntos forman una imagen completa, por lo que necesita entender sus posiciones y significado juntos.

☊ Nodo norte

El nodo norte simboliza el crecimiento del alma. Hay cosas que le faltaron o no experimentó en su vida pasada. Por eso, su karma en esta vida es experimentarlas y crecer.

Señala un determinado camino que seguirá en esta vida, por lo que debe conocer la ubicación y el significado de su nodo norte.

Este camino está lleno de recompensas para usted; sin embargo, puede ser difícil de recorrer, como todo en la vida. Por lo tanto, cuando comprenda cuál es su camino, recibirá la ayuda divina prometida por la ubicación del nodo norte.

Cuando comprenda lo que debe hacer para alcanzar la cúspide del éxito, deberá trabajar en usted mismo. Seguramente, este camino se hizo a su medida en el momento en que nació. Sin embargo, también se hizo para la versión de usted que está dispuesta a trabajar en sí misma y tiene suficiente amor propio y dedicación para alcanzar su potencial.

Puede que el camino que señala no se parezca al suyo. Puede que apunte a una dirección que no imaginaba o que nunca pensó que fuera posible. Estos pensamientos y sentimientos son normales, pero confíe en que el universo tiene el mejor interés en el corazón.

☋ Nodo sur

El nodo sur representa su pasado, los cimientos sobre los que se construye su vida actual. Ciertos hábitos y zonas de confort en su interior provienen de sus vidas pasadas. En esta vida, es posible que vuelva inconscientemente a sus viejos hábitos.

Los aspectos del nodo sur son importantes. Por ejemplo, si tiene una conjunción entre un planeta y el nodo sur, es hora de que deje atrás por completo su pasado.

No necesita hacer regresiones a vidas pasadas ni entretenerse con recuerdos de vidas pasadas porque ahora no tienen ningún valor.

El nodo sur puede decirle mucho sobre el karma de su vida pasada en astrología kármica. Aquí puede conocer su deuda kármica.

El nodo sur no es una imagen cristalina de quién era. Más bien es una recopilación del lugar donde creció, sus luchas, habilidades y todo lo demás sobre usted. A través de esta información, puede conocer su karma bueno y malo.

Ubicación de los nodos lunares

Para entender mejor las colocaciones de los nodos, mire este ejemplo desglosado de esta colocación.

Los nodos están opuestos entre sí, naturalmente. Si el nodo norte está en la primera casa, el nodo sur está en la séptima casa.

Según la astrología kármica, el nodo norte en la primera casa y el nodo sur en la séptima casa significan que da más prioridad a su pareja y a otras personas cercanas que a usted mismo. Les das demasiado y no se queda suficiente para usted.

También significa que se siente inútil sin pareja. De alguna manera, cree que su pareja le completa o que es un elemento clave para su supervivencia. Este emplazamiento indica que ha hecho muchos sacrificios para complacer a su pareja y a otras personas cercanas.

Con este emplazamiento, el nodo norte es lo que necesita desarrollar; éste es el camino que debe seguir. Desarrollar estos rasgos le liberará de su karma del nodo sur.

No se sorprenda si se siente identificado con su colocación del nodo sur. Estos sentimientos aún pueden surgir en su vida actual.

☊	Casa 1	• Desarrollar un sano sentido de uno mismo. • Ser independiente. • Trabajar en límites sanos. • Evitar las relaciones codependientes. • Construir una identidad fuerte. • Ser más seguro de sí mismo. • Defenderse. • Aprenda a escucharse y no de demasiada importancia a lo que la gente dice o piensa de usted. • Dese prioridad. • Trabajar el amor propio. • Trabajar problemas de abandono. • Afrontar su soledad y encontrar la causa raíz.

♋	Séptima casa	• Sentimientos de inutilidad e inadecuación. • Sensación de no ser suficiente. • Lucha con el amor propio y piensa que no merece amor, amabilidad o la atención de nadie. • Se siente amenazado cuando alguien cercano abandona su vida. • Cae fácilmente en relaciones de codependencia.

Identifique los nodos en su carta natal.

Ahora le toca a usted descifrar las posiciones de los nodos.

Siga estos pasos para una fácil interpretación:

1. **Identifique su ubicación.**

    Signo y casa.

2. **Interprete la colocación del nodo lunar en función de su ubicación.**

Una forma fácil es comprender las propiedades del signo y la casa con los nodos.

Comprender sus emociones puede ser una tarea compleja y abrumadora. Sin embargo, desde un punto de vista más positivo, estudiar su colocación lunar, la fase lunar bajo la que nació y cómo le afecta puede darle mucha información. La fase lunar actual también afecta sus emociones, así que observe cómo se siente bajo cada fase cada mes para acercarse a la comprensión de las complejas emociones humanas.

Además, puede dedicar algún tiempo a estudiar sus nodos para conocer su pasado y su futuro en esta vida.

Capítulo 6: Casas astrológicas

Ahora que está familiarizado con las cartas natales, el zodíaco, los planetas y las fases de la luna, este capítulo explica las doce casas astrológicas enumerándolas y mostrándole cómo ver su carta natal. Por último, explica las reglas de los signos zodiacales para evidenciar a qué casa pertenece cada uno.

Entender las casas en la astrología

La carta astral consta de doce secciones iguales que corresponden a las casas. Estas casas son diferentes de la rueda zodiacal, determinada por la rotación anual del Sol. Las casas reflejan la rotación de veinticuatro horas de la Tierra alrededor de su eje, y los dos sistemas se combinan a menudo en la lectura de una carta astral. Asegúrese de conocer la hora exacta de su nacimiento cuando elabore su carta astral, ya que el más mínimo cambio marca la diferencia.

Las casas de la carta astral son cruciales, ya que representan diferentes aspectos de su vida en función de su ubicación y hora de nacimiento. Cuando traza su carta astral, estas pueden indicar los retos a los que se enfrentará o se ha enfrentado, además de las ventajas que tiene en la vida.

No se preocupe cuando estudie su carta por primera vez. Es totalmente normal que tenga algunas zonas vacías, mientras otras están pobladas de símbolos. Mire primero su signo ascendente, que es su punto de partida. Busque el punto más a la izquierda de su línea del horizonte, ahí está el signo que procede de él y se aplica a su nacimiento.

Cuando mire las casas, empiece en el punto marcado con 1 o AC, en la parte central izquierda de la rueda zodiacal. Trabaje en sentido contrario a las agujas del reloj desde la primera casa hasta la duodécima. A continuación encontrará las descripciones de cada casa, que le ayudarán a comprender cómo influyen en su vida las casas situadas en signos específicos.

Primera casa/AC/Signo ascendente

La primera casa, también conocida como regente de la carta natal, determina cómo le perciben o le ven los demás. En otras palabras, es el reflejo de usted mismo ante el mundo. Es el lado de usted mismo que ven los demás. Debe saber que el Sol es su signo.

Segunda casa

La segunda casa representa la riqueza personal, los bienes materiales y la confianza en sí mismo. En concreto, rige todo lo relacionado con su situación financiera, incluidos los activos líquidos. También expresa sus sentimientos hacia esos bienes. Los sentimientos hacia las cosas materiales determinan las motivaciones a la hora de gastar dinero. La segunda casa también muestra la carrera que debe seguir para obtener buenas ganancias materiales.

Tercera casa

La tercera casa tiene que ver con la comunicación y cómo se relaciona con sus hermanos, la educación temprana y otros aspectos como los viajes locales. Determina cómo interactúa con los demás en diferentes aspectos de su vida.

Cuarta casa/*Imum coeli*/«Cielo inferior»

Esta zona de la carta se centra en las cosas que ocurren en los hogares. Algunos aspectos como las opiniones personales, las tradiciones, la familia y los antepasados son personales y mucha gente no quiere compartirlos con los demás.

Quinta casa

Esta casa representa las relaciones amorosas casuales, la creatividad, los flirteos, los enamoramientos, la diversión, los riesgos y el entretenimiento. Orienta en cuestiones amorosas.

Sexta casa

Esta casa trata de la salud personal, los animales domésticos, la rutina diaria y los compañeros de trabajo. Se ocupa de las cosas con las que se encuentra a diario. A menudo, los individuos que pertenecen a esta casa muestran un alto grado de organización y tienden a centrarse en la gestión del tiempo.

Séptima casa/Descenso/DC

Esta casa se refiere a los amigos actuales, los enemigos y las ex parejas. En esta zona se reflejan todas las relaciones y sociedades.

Octava casa

Esta es la casa de la transformación, la intuición, las deudas, el crecimiento y el poder. Se la conoce como la casa del sexo, la muerte, los tabúes y las posesiones ajenas. Esta casa rige el dinero y las posesiones de los demás. También es la más oscura de la carta natal, ya que rige la muerte y muestra cómo va a morir.

Novena casa

Es la casa de la educación, la ley, los viajes largos y el sentido de la vida. Las personas que pertenecen a la novena casa suelen ser curiosas y estar ansiosas por aprender cosas nuevas. Les anima a tener una mente abierta y a estar atentas al mundo que les rodea.

Décima casa/Cielo intermedio/*Mediun coeli*

Esta casa muestra su imagen, su posición pública o su carrera. Se encuentra en la parte superior de la carta y dice mucho sobre su historia única. Los individuos que pertenecen a esta casa son ambiciosos.

Undécima casa

Esta casa explica cómo se relaciona con sus conocidos, sus proyectos humanitarios, sus lecciones y sus esperanzas. El desarrollo de la humanidad domina esta casa, tanto en el mundo físico como en las ideas que lo rodean.

Duodécima casa

Esta casa trata de los deseos subconscientes, la salud mental, el castigo, la adicción, las relaciones secretas, la prisión, los enemigos, la magia y todo lo que se oculta a los demás. Las personas nacidas en esta casa son intuitivas y psíquicas.

Interpretación de las casas de la carta natal

Encuentre primero su ascendente y busque las casas correspondientes a cada planeta en su carta. Es necesario comprender la función de cada planeta para comenzar el proceso.

Una vez localizado el planeta, estudie lo que representa y cómo se aplica a la casa en la que se encuentra: ¿Cómo se manifiesta la energía? Puesto que cada casa tiene un significado, un análisis detallado de la carta le ayudará a comprender la conexión entre las distintas casas y la carta astral. La siguiente tabla destaca el significado de cada casa.

Casa	Significado
Casa 1	Ser, vitalidad, apariencia y fuerza vital.
Casa 2	Recursos, bienes y autoestima.
Casa 3	Rituales cotidianos, comunicación, hermanos y familia extendida.
Casa 4	Hogar, cimientos y padres.
Casa 5	Sexo, energía creativa e hijos.
Casa 6	Salud y trabajo.
Casa 7	Parejas comprometidas.
Casa 8	Salud mental, muerte y recursos ajenos.
Casa 9	Viajes, publicaciones, educación, religión, filosofía y astrología.
Casa 10	Carrera y actividades públicas.
Casa 11	Comunidad y buena fortuna.
Casa 12	Pérdida, dolor y vida oculta.

Significado de las casas astrológicas

Las casas astrológicas reflejan un viaje desde su yo inmediato hacia el mundo. Las seis primeras casas se conocen como «casas personales», ya que se centran en la imagen de uno mismo, los hábitos diarios, los valores y la ascendencia. Las otras seis casas son interpersonales, ya que se centran en las relaciones de pareja, las oportunidades profesionales, los viajes y las comunidades que se construyen.

La primera, casa del yo

Representa las principales facetas de su personalidad. Puede buscar en esta casa su representación física y los principales aspectos de su carácter. Se cree que los planetas natales que se encuentran en la primera casa tienen un efecto en la vida. Por ejemplo, Mercurio en la primera casa representa a un charlatán, mientras que la Luna muestra a alguien con grandes emociones. La primera casa es la que marca la transición de los planetas, lo que significa que allí se manifiestan los objetivos. Esto da origen a nuevos pensamientos, a la creatividad y a las ideas necesarias para dar forma al propio mundo.

La segunda, casa de las posesiones

Es la casa de las cosas materiales, el dinero y el valor. También se ocupa de las emociones relacionadas con estas cosas. La casa de las posesiones se ocupa directamente de lo material, y esto refleja seguridad. Aunque se ocupa principalmente de lo físico, también tiene que ver con lo mental y lo espiritual. Esta casa también refleja su propio valor.

La tercera, casa de la comunicación

Es la casa de la comunidad, la comunión y el movimiento. Si utiliza esta casa, podrá forjar mejores relaciones a pequeña escala. La comunicación es vital para construir amistades y es una gran solución para la mayoría de los problemas en diferentes situaciones.

La cuarta, casa del hogar y la familia

Con esta casa puede mirar a su entorno inmediato: el hogar y las relaciones familiares dentro de él. Cuando está rodeado de familia, se siente seguro, protegido y querido. La casa se extiende más allá de la infraestructura física y los lazos familiares para incluir a sus mascotas y cualquier otro ser vivo en su hogar.

La quinta, casa del placer

Una casa infantil, pero en sentido positivo. Aquí encontrará energía juvenil, creatividad, inocencia y relaciones románticas. Si busca expresarse, puede hacerlo a través de esta casa. También puede enfocarse en esta casa cuando desee sentir más alegría y felicidad en su trabajo, aficiones o empeños.

La sexta, casa de la salud

Esta casa está relacionada con todo lo que tiene que ver con la salud y el bienestar. Si desea hacer ejercicio, desarrollar sus músculos o mejorar su cuerpo, hágalo a través de la sexta casa. Utilice esta casa cuando se centre en el equilibrio entre trabajo y vida personal o cuando necesite reajustarse si ha estado trabajando demasiado. Esta casa le ayudará a gestionar mejor su tiempo cuando esté planeando su agenda.

La séptima, casa de las relaciones

La casa del cambio y de las relaciones. Esta casa incluye muchas cosas que afectan a su vida en general. Aquí se reflejan cosas como las amistades de toda la vida, las casas familiares, las finanzas y otras relaciones. Esta casa simboliza relaciones significativas y asociaciones románticas en su vida. Construir relaciones sólidas es importante, ya que determina cómo se relaciona con las personas que le rodean. Esta casa también le ayudará a cambiar de trabajo, cerrar algún trato o firmar un contrato.

La octava, casa del sexo, la muerte y la transformación

La casa de las grandes transformaciones (la muerte y el sexo son dos ejemplos) puede cambiar una relación y traer nueva vida al mundo. También tiene un toque sobrenatural (otro cambio de lo físico a lo espiritual) y, aunque la casa puede estar relacionada con lo oculto, no hay nada que temer.

Debe escuchar sus deseos y canalizarlos adecuadamente, pues la muerte nos llega a todos. En otras palabras, debe disfrutar de su corta vida. Sin embargo, esta casa recuerda que debe ser adaptable y evitar convertirse en prisionero del pasado. Debe estar dispuesto a abrazar el presente y el futuro. Los planetas que se mueven por esta casa recuerdan las complejidades de la vida y enseñan a afrontar distintas situaciones.

La novena, casa de la filosofía

Esta casa se ocupa del sentido de la vida, que no solo proviene de la filosofía. También se necesita educación y un sentido global del mundo. Debe mirar fuera de usted mismo y de la gente que le rodea para ver otras perspectivas e ideas. Las personas con planetas natales en la novena casa sienten curiosidad por conocer cosas diferentes.

Cuando esta casa es fuerte por la posición de los planetas, descubrirá que acepta mejor el conocimiento externo e incluso puede que lo busque estudiando o viajando. Esta casa le anima a ampliar sus conocimientos y a ver las cosas como los demás no las ven.

La décima, casa de la posición social

Esta casa se encuentra en la cúspide de su carta natal, lo que la convierte en el final de su historia, aunque, por supuesto, su historia no termina nunca. Esta casa trata de lo que quiere para su vida: sus aspiraciones, esperanzas y sueños para el mundo. Puede centrarse en esta casa para trabajar la ambición en su vida personal y profesional.

La undécima, casa de la amistad

En la vida no solo se necesita el trabajo y las relaciones; también a los amigos. Cuando logra algo, debe compartir la alegría con alguien cercano. Esta casa está asociada a las redes y otras actividades humanitarias. Esta casa enfatiza en la necesidad de recordar que sus amigos le ayudan a seguir adelante en situaciones difíciles.

La innovación y la tecnología están en esta zona. Si tiene una fuerte conexión con esta casa, probablemente tenga grandes ideas que pueden sacudir los cimientos mismos del mundo.

La duodécima, casa del inconsciente

Esta casa se ocupa más de lo metafísico que del mundo tangible. Busque en esta casa ayuda para descifrar sus sueños, emociones, sentimientos y otros secretos. Es posible que tenga una intuición excelente si es fuerte en esta casa.

Cuando los planetas se mueven por esta casa, atrae a personas kármicas; sin embargo, también recuerde que no todas las relaciones están diseñadas para durar. En la vida ocurren muchas cosas que afectan su forma de relacionarse con los demás. La duodécima casa está asociada con la energía de Piscis.

Los signos astrológicos y su relación con las estrellas del zodíaco

Comprender la conexión entre las casas y los signos del zodíaco es vital, ya que desempeñan papeles cruciales en las cartas natales. Comprender el significado de las diferentes casas ayuda a conocer los significados de cada planeta y cada signo del Zodíaco. Hay doce casas astrológicas y doce signos del Zodíaco, que están conectados entre sí. Las siguientes son las doce casas astrológicas y sus correspondientes signos del Zodíaco.

Aries: Primera casa.

La primera casa trata de usted y representa la identidad, el yo, la apariencia y la autoestima. Marte es dominante en esta casa y ayuda a avanzar. Esto significa que Marte también influye en Aries.

Tauro: Segunda casa.

La casa de los logros personales y los talentos. Puede buscar en Tauro sus valores y su valía personal. Si se centra en esta casa y signo, se siente más seguro y estable. Venus también influye aquí. Si pertenece a este signo del Zodíaco, le rodean varios aspectos relacionados con el amor.

Géminis: Tercera casa.

La tercera casa corresponde a Géminis y se centra en la comunicación, los procesos mentales y el intelecto. Esta casa se concentra en usar la lógica y pensar racionalmente para tener sentido. Géminis prioriza el aprendizaje en cualquiera de sus formas. Si pertenece a esta casa, debe tener ganas de aprender cosas nuevas y explorar el mundo que le rodea.

Cáncer: Cuarta casa.

La cuarta casa está muy influenciada por la Luna, pero está dominada por Cáncer. Busque en esta casa indicaciones sobre la familia y el hogar. Aquí están sus cimientos, su educación y quienes le han precedido. Cáncer actúa aquí como eje central y la luna como guía. También puede mirar a los demás signos de agua.

Leo: Quinta casa.

La quinta casa se ocupa principalmente del placer y está regida por el Sol, la fuente de la creatividad. Está directamente relacionada con Leo. Esta casa aporta placer en muchas formas: guía sus vacaciones y le ayuda con sus aficiones, pasatiempos e hijos.

Virgo: Sexta casa.

Es la casa de la salud, la riqueza y las rutinas diarias. Los aspectos de su rutina diaria se ven afectados por esta casa. Por lo tanto, está relacionada con la calidad de su trabajo en cualquier cosa que haga. Esta casa está relacionada con Virgo, que es detallista. Si pertenece a este signo del Zodíaco, las probabilidades de que tenga buen ojo para los detalles son muy altas.

Libra: Séptima casa.

Libra domina la séptima casa. Esta casa rige muchos tipos de relaciones: familiares, románticas y de amistad. También puede dejar que le guíe en sus relaciones de negocios.

Escorpio: Octava casa.

La casa de Escorpio está enraizada en la psicología y la transformación. Acuda a este signo cuando tenga que tratar con la muerte, el cambio o el renacimiento. Esta casa ayuda con las transiciones en todos los sentidos, con cualquier movimiento de una etapa de su vida a otra.

Sagitario: Novena casa.

La casa de la comprensión del mundo en diferentes niveles, mirando a las grandes preguntas y viajando a diferentes lugares para experimentar diferentes culturas. Cuando visita nuevos lugares, aprende cosas distintas a las que está acostumbrado o con las que se siente cómodo. Sagitario rige la novena casa, ya que se asocia con los viajes. Sagitario también está regido por Júpiter, el planeta de la sabiduría, la suerte y los viajes.

Capricornio: Décima casa.

La décima casa está relacionada con el estatus, la carrera, la posición social y la reputación. Se corresponde con el signo Capricornio, orientado a los objetivos, y está regida por Saturno, que es un planeta representado por la cabra de mar.

Acuario: Undécima casa.

La undécima casa también se conoce como la casa de la comunidad, que representa la fortuna. Se ocupa de las esperanzas, los grupos, los amigos y los sueños. Si pertenece a esta casa, estará ansioso por conseguir sus objetivos. Saturno y Urano rigen esta casa. La undécima casa es la representación del futuro. Acuario es el signo zodiacal de esta casa y se ocupa principalmente de la innovación. Acuario también se preocupa por hacer las cosas mejor para diferenciarse de las creencias de la mayoría de las personas.

Piscis: Duodécima casa.

La duodécima casa, conocida como la casa de los secretos, se ocupa del misticismo y la reclusión. Está regida por Piscis. Las personas que pertenecen a esta casa desean vivir vidas secretas. Esta casa está gobernada conjuntamente por Neptuno y Júpiter.

Las casas astrológicas reflejan el viaje vital que se recorre y reflejan las diferentes cosas que se encuentran en el camino. En este capítulo se explican los significados de las doce casas astrológicas y sus implicaciones en la carta astral, además de destacar los signos zodiacales que rigen cada casa y explicar la importancia de la relación entre ellos.

Capítulo 7: Alinearse con el propósito vital kármico

Encontrarle sentido a la vida y tener un propósito en la forma en que se trata a sí mismo y a los demás es uno de los mayores regalos del universo, y también uno de sus misterios más desconcertantes. La llamada búsqueda de sentido por parte de los seres humanos parece un tópico, pero en realidad es lo que impulsa muchos de los esfuerzos de la humanidad, tanto si es consciente a nivel práctico como si no. Pero ¿de qué habla el «propósito vital kármico»?

Probablemente se pregunte en qué se diferencia de las ideas habituales sobre encontrar el propio lugar en el mundo y si el trabajo tiene un propósito y repercute positivamente en los demás.

Este capítulo se dedica a averiguar con precisión cómo entender el propósito kármico de su vida y asegurarse de que aprovecha al máximo el regalo que se le ha dado.

Tiempos de distracción

Hoy en día estamos inundados de información. Podría decirse que la información que llega en ese diluvio rara vez es útil y puede tener efectos contrarios. En lugar de sentirse capacitado, se siente abrumado y confundido. Puede que la información que llega sin contexto a su teléfono u ordenador sea desinformación, rumores y mentiras que no tienen mucho sentido, pero que de todas formas le deja sin esperanza. Más que nunca, nos distraen guerras inminentes, una pandemia en curso, circunstancias económicas difíciles y un consumismo vacío: anuncios bonitos y falsos que prometen el mundo. Sin embargo, los productos dejan una sensación de vacío. Nuestra capacidad de atención es limitada y se ha reducido aún más con el tiempo, porque solo se puede retener cierta cantidad de información. Esto ha hecho que encontrar el propósito sea aún más difícil, ya que hay mucho ruido ahí fuera sobre lo que se debería hacer o cómo emplear el tiempo para sentirse productivo y digno del amor y el respeto de la comunidad. Lamentablemente, esa valía a veces está relacionada con cosas como el trabajo y el sueldo, la casa que se puede permitir, etc. Parece que la sociedad ha llegado a la conclusión de que el altruismo es para los tontos y que, a menos que se una al ajetreo diario, no está haciendo un trabajo significativo.

El mensaje para la generación del tercer milenio es aún más enrevesado, ya que el concepto de «esforzarse más» se ha confundido con «hacer lo que le gusta». Por supuesto, se ha gastado mucha tinta en cómo estos conceptos dispares se han transformado para crear gran parte del solipsismo y la tonta altanería de los *«millenials»* que dirigen Silicon Valley. Afortunadamente, esa fase está llegando a su fin, en parte debido a la pandemia y a cómo han puesto de relieve estas extrañas ideas, exponiéndolas como el eslogan vacío que siempre fueron.

En ese sentido, la llamada «gran resignación» parece ser una respuesta influenciada por el deseo de encontrar un propósito más elevado, añadiendo un significado profundamente espiritual a lo que se espera lograr en este planeta antes de abandonarlo. Seguimos distraídos por todo lo que nos rodea y estos son tiempos excepcionalmente difíciles. Sin embargo, cada vez son más las personas que se abren paso entre la tristeza y la desesperación, entre los ideales capitalistas de lo que supone ser una buena persona, y hacen algo que alimenta su alma y ayuda a los demás a sentirse queridos y seguros. Durante siglos, la humanidad se dedicó a comprender el concepto de «propósito» y a descubrir su significado. Ese filosofar parece haberse extinguido, y hoy en día no hay tantos filósofos activos ni sus palabras se consumen de la misma manera que en el siglo pasado.

Sin embargo, a pesar del ruido constante que nos rodea, el tema ha vuelto a surgir, atravesando la nube de frustración y acosando a muchísima gente. Ahora, las personas intentan comprender el propósito kármico de la vida y cómo encontrar el suyo. Tener un propósito central ha ayudado a muchos a vivir vidas largas y saludables durante años, porque sienten que tienen algo tangible por lo que vivir, un propósito central. Sin él, nos sentimos perdidos e inmovilizados. En esta sociedad profundamente individualista, es una herejía decir que se quiere vivir para algo que no sea uno mismo. Aun así, es un riesgo que vale la pena correr, ya que a la larga le hará sentir más arraigado y esperanzado respecto al mundo que le rodea.

Definiciones

Anteriormente, se dedicó parte del contenido de este libro a explorar el significado del karma y cómo puede aplicarse a la vida cotidiana. Como ya se ha dicho, karma en sánscrito significa acción o hecho, pero espiritualmente se refiere al principio de causa y efecto. Lo oímos como parte frases cotidianas, explicando cómo el karma es... bueno, ya saben el resto. Sin embargo, se trata de una definición bastante prolija y no del todo veraz de la palabra.

Karma, en principio, significa concentrar las intenciones para que influyan en el mundo que le rodea. Por lo tanto, si se preocupa por realizar buenas acciones, debería esperar un mejor karma a cambio, no necesariamente en esta vida, pero quizá sí en la siguiente o en la reencarnación. Por supuesto, las malas intenciones suelen ir de la mano de las malas acciones y contribuyen a que sucedan cosas malas. Una vez más, esto no significa que vaya a cosechar las consecuencias de inmediato, tal vez más adelante en su vida o en su reencarnación. Para la mayoría de las religiones indias, el karma está profundamente ligado a la idea de la reencarnación. Es un marcado contraste con la forma en que se ha adoptado el principio en Occidente, donde se piensa que las consecuencias ocurren aquí y ahora y no en otro plano metafísico de existencia.

Una vez aclarado esto, es hora de prestar atención a lo que entendemos por «propósito de vida» y su relación con el principio del karma. En la primera parte de este capítulo se ha explicado el sentido de la vida y la búsqueda del mismo por parte de la humanidad en general. Sin embargo, encontrar un propósito espiritual es ligeramente diferente de encontrar el sentido de la vida, aunque en cierto modo están relacionados. En realidad, encontrar un propósito espiritual tiene más que ver con convertirse en una mejor versión de uno mismo y, tal vez, con encontrar un trabajo satisfactorio y significativo, como dicen quienes están detrás de la gran resignación, aunque el trabajo es una parte de la ecuación. Cómo nos movemos en todos los ámbitos de nuestra vida y cómo nos tratamos a nosotros mismos y a los demás está en juego cuando se define este término en un sentido espiritual.

Actualmente, es muy fácil sentirse desconectado de la comunidad, de uno mismo y de la forma de vida espiritual. El desencanto con las religiones organizadas no ha hecho más que agravar este problema, provocando que la gente se separe en grupos aislados al no verse representada por ninguno de los sagrados reinos de las religiones mayoritarias. Se puede argumentar que el estado natural de la humanidad es tener un profundo núcleo de espiritualidad en su centro, y que su desgarramiento es una de las tragedias modernas de la vida cotidiana. Hay muchas razones comprensibles para ello, pero vale la pena subrayar que encontrar tiempo para la reflexión personal y la práctica de diferentes formas de bienestar espiritual es bueno para el individuo y la comunidad. Permite aprovechar la energía necesaria para luchar contra muchas de las injusticias del mundo. Sin la espiritualidad, el deseo de luchar por lo que es justo se debilita considerablemente.

Además, encontrar y cultivar el propósito kármico de la vida puede y debe ser su recompensa. Nadie lo hace para ganar nada a cambio. Si lo hace así, lo está haciendo de forma muy equivocada y estará más envenenado espiritualmente que el resto, que va por la vida sintiéndose entumecido. Nadie debe limitarse a dar muestras de su espiritualidad, sino actuar en privado. Buscar este propósito significa ser amable y compasivo y esforzarse por alcanzar la autorrealización, sin intentar apropiarse del trauma de los demás. También significa trabajar en su autoestima y florecer en sus relaciones personales. Por ejemplo, su círculo de amigos puede ser pequeño, pero debe incluir relaciones sanas con límites establecidos.

Además, el propósito vital kármico está completamente alejado de las preocupaciones materiales. Saque su carrera profesional de la ecuación, a menos que estemos hablando de las circunstancias específicas en las que su trabajo es tóxico o daña activamente al planeta de forma alarmante. En ese caso, le ayudará considerar la posibilidad de dejar su trabajo y encontrar otra cosa que le permita sentirse espiritualmente completo. Por lo general, las búsquedas materiales no forman parte de esto, pero pueden estar conectadas. Un propósito espiritual kármico está más alineado con el establecimiento y la aplicación de un conjunto de valores en la vida diaria. Estos principios ayudan a dar sentido a la propia vida e influyen inevitablemente en las decisiones que se toman.

Alinear el propósito kármico de su vida

Las palabras «alineación» y «karma» evocan una nueva era, un enfoque desventurado de la vida que suena demasiado loco para que la mayoría de la gente lo emplee o siquiera lo contemple. Surgen imágenes de astrólogos y quirománticos, profesiones legítimas, pero que no gozan del favor de la mayoría. Además, algunas de las ideas que subyacen a una vida con propósito pueden parecer prohibitivas desde el punto de vista del coste para muchas personas, y esta imagen envuelve gran parte del trabajo en una apariencia de elitismo de la que es difícil librarse. Afortunadamente, hay diferentes maneras de alinearse con el propósito kármico y sentirse parte de una comunidad mayor, y muchas de ellas son intervenciones modestas que no requieren mucho tiempo ni recursos.

Curiosamente, los millennials son reconocidos como una generación con menos lealtad a las marcas que las generaciones anteriores. Las empresas se dieron cuenta de que la forma de ganarse su confianza era defender una causa o un mensaje subyacente detrás de su producto. Esto no quiere decir que las generaciones anteriores no estuvieran interesadas en encontrar un propósito de vida y asegurarse de que sus hábitos de consumo lo reflejaran; en general, las generalizaciones no son útiles ni exactas. Sin embargo, parece que cuanto más se apoya la sociedad en la tecnología y en los mitos en torno al trabajo de oficina y la productividad, más probable es que las generaciones jóvenes pongan en entredicho estos conceptos. Aprendieron que ejercer su poder en el mercado es una forma de sentirse decididos a elegir cómo vivir sus vidas. Pues bien, hay otras formas más profundas de alinear el propósito kármico, lejos de la presión que las corporaciones ejercen sobre el bolsillo y la conciencia.

En primer lugar, estar alineado con el propósito kármico de su vida significa permitirse la vulnerabilidad. Brene Brown ha investigado mucho sobre el tema y ha desestigmatizado el sentimiento de abrirse a los demás, que a menudo se confunde con debilidad. Si realmente quiere algo, entregue su corazón y su alma a ese ideal sin expectativas. Además, nunca se sienta ajeno al trabajo espiritual que está haciendo: dejarse amar y servir a los demás mientras permite que ellos alimenten ese sentimiento es clave para tener un sentido de autoestima y propósito. Para convertirse en una persona que da, debe estar dispuesto a recibir. La confianza se construye sobre la voluntad de abrirse, y la gente no se siente segura con alguien decidido a cerrarse o poco dispuesto a recibir gratitud.

Esto significa que también debe ser usted mismo y nunca ser falso. Mantener los límites es saludable, pero no finja ser alguien que no es. Vivir con miedo a ser quien es o a que los demás le juzguen solo exacerba la sensación de que, en última instancia, es incapaz de cumplir el propósito de su vida. Para muchos, esto puede requerir un cierto grado de valentía, ya que ser honesto sobre quién es y qué busca no siempre es seguro o algo que la comunidad que le rodea fomente. Sin embargo, la autenticidad es parte integral de gran parte del trabajo que debe hacer, y se sentirá miserable si está en una situación que requiere que sea falso o que se cierre a los demás. Vivir la vida con sinceridad le permite ser más abierto y sentir más empatía por los demás, lo que, a su vez, repercute en cómo conecta con quienes le rodean.

Otra forma de alinearse con su propósito kármico es estar siempre dispuesto a tender una mano. Si puede ayudar de alguna manera, no lo dude. Quizá no pueda económicamente, pero tal vez pueda ayudar a los demás simplemente siendo amable, ofreciendo un hombro sobre el que llorar o escuchando las preocupaciones de otros. No juzgue ni sea demasiado ideológico. Parece mucho pedir en este mundo hiperpolarizado, pero no tiene por qué serlo. Si hay algo que puede hacer para beneficiar a los demás, es ayudar siempre que sea posible. Además, dé siempre a los demás sin esperar nada a cambio.

Esto enlaza con el siguiente punto, que es ser amable. Una sonrisa puede llevar muy lejos, y difundir alegría en lugar de un flujo constante de negatividad siempre es apreciado. Cuanto mejor sea el karma que aporta al universo, más en paz se sentirá. Aferrarse a la ira y el resentimiento sin una salida adecuada puede hacerle la vida aún más difícil, así que ayuda cambiar ligeramente de perspectiva y ser más abierto y cariñoso con el universo.

Meditar a diario, aunque solo sea cinco minutos, le ayudará a sentirse más tranquilo y sereno, sobre todo en los momentos difíciles. Su alma necesita tiempo para sanar, y lo mismo puede decirse de casi todo el mundo. Podría decirse que la meditación es el único momento del día que le permite sentirse enraizado y seguro en su cuerpo mientras trabaja para calmarse y sentirse preparado para el día que tiene por delante. Si le apetece, intente orar, ya que también ayuda a conectar con el universo a un nivel más profundo. Estas prácticas son tan antiguas como el tiempo y han servido durante muchos años. Mucha gente se ha beneficiado de la meditación y otras prácticas similares, y ayuda recordar que son herramientas que tiene a disposición mientras se embarca en este viaje.

Dado lo agotador que es todo en estos días, puede que se sienta agotado y abatido. Por supuesto, este es el caso de muchas personas, y se ha convertido en parte de una crisis de salud mental. Si se pregunta cómo romper el ciclo, algo que puede hacer es explorar nuevas formas de desarrollar su creatividad. La imaginación disminuye debido a las presiones de la vida moderna. Es necesario ganarse la vida, pagar deudas y cuidar la cordura ante un mundo increíblemente loco. Naturalmente, la creatividad muere en medio de todo esto, haciendo que se sienta desconectado de quienes le rodean. La creatividad no consiste solo en disfrutar o producir arte y artesanía; consiste en abrirse a diferentes experiencias y sentimientos, lo cual es clave para alcanzar un propósito vital kármico. Si se siente identificado, está bien que se tome un tiempo para usted mismo y deje que su mente divague.

También puede escribir un diario durante unos minutos al día. Aunque no pueda hacerlo durante media hora, cinco minutos escribiendo sus pensamientos, sentimientos y observaciones le ayudarán a superar lo que se interponga en su camino. Su imaginación empezará a florecer de nuevo. Tal vez pueda ir un día a un museo, ir en bicicleta al parque de su barrio y tomar notas de lo que ve. Si añade una buena dosis de creatividad a su vida, se abrirá a otras posibilidades u oportunidades que quizá había pasado por alto. Este trabajo le llevará a una alineación más profunda con su propósito.

Piénselo de este modo: cuando era niño, probablemente le gustaba explorar nuevas ideas y no podía esperar para aprender algo nuevo. Los cuentos, pintar con las manos, ver una buena película y jugar con amigos eran actividades que fomentaban el asombro y el cariño por el universo. A medida que nos hacemos mayores, olvidamos este sentido del asombro, que queda sepultado por el esfuerzo de simplemente tener que vivir y cuidarse en un mundo agobiante. Una vez que redescubra las cosas que le alegraban de niño, se sentirá más vulnerable y entusiasmado por alinearse con su propósito kármico y dar un mejor sentido al mundo.

Reflexiones

Hay muchas maneras de sentirse alineado con su propósito kármico y puede hacer mucho para cumplir ese propósito. En última instancia, forma parte de una búsqueda que puede ocupar toda su vida, y su propósito puede cambiar a medida que evolucione. Por lo tanto, antes de implementar cualquier cambio en su vida, debe hacerse algunas preguntas para lograr una mejor espiritualidad. Realice el siguiente cuestionario para guiarse y averiguar si está o no alineado con su propósito kármico de vida:

1. ¿Cuál es el propósito central de mi vida?
2. Quiero ser una buena persona, ¿cómo se define eso?
3. ¿Estoy conectando con las personas que forman parte de mi vida? ¿Existen formas de establecer vínculos más fuertes con ellos?
4. ¿Está mi trabajo diario en consonancia con lo que quiero hacer en la vida? ¿Produce resultados útiles e impactantes, o perjudica activamente a los demás, al medio ambiente, etc.?
5. ¿Estoy viviendo de la mejor manera posible, o hay puntos ciegos que necesitan ser llenados?

Anote sus respuestas a cada una de estas preguntas. Tómese su tiempo para pensar y reflexionar sobre lo que quiere conseguir en la vida. Con sinceridad, mida cómo está y anote las cosas que está dispuesto a cambiar o los enfoques que puede poner en práctica. La empatía, la compasión y la disposición a ser vulnerable no son fáciles y pueden llevar mucho tiempo. Poner el lápiz sobre el papel y ser más consciente de usted mismo y del mundo que le rodea es un paso importante en la dirección correcta.

Capítulo 8: Comprender e integrar las lecciones kármicas

Los ciclos kármicos son patrones de sentimientos, emociones, situaciones y realizaciones que se experimentan repetidamente a lo largo de la vida. Se presentan como oportunidades para desbloquear un nivel superior de conciencia o sabiduría y, en última instancia, romper los ciclos negativos. Las lecciones kármicas siguen repitiéndose hasta que las haya comprendido y dominado, de modo que no caiga en las mismas trampas una y otra vez.

Los practicantes de la Nueva era o de la espiritualidad india, el yoga y la astrología están familiarizados con el término lecciones (o ciclos) kármicas. Sin embargo, este concepto puede ser bastante extraño para quienes son nuevos en el mundo de la espiritualidad y la sanación. Independientemente de su nivel de experiencia, comprender en profundidad los conceptos de karma y lecciones kármicas es necesario si quiere iniciar su viaje de sanación.

Como habrá adivinado, la idea de las lecciones y los ciclos kármicos surge inicialmente del concepto de karma. Como recordará del Capítulo uno, el karma, como concepto, es la esencia de numerosas religiones indias como el budismo, el hinduismo, el sijismo y el jainismo. Cuando se menciona en un contexto espiritual, la palabra suele significar algo más que en su significado literal. El karma es una parte importante de la vida. Se centra en las acciones e intenciones. Si se piensa en un acto, aunque no se lleve a cabo, el karma actúa a través de él, por lo que es importante tener buenos pensamientos y realizar buenas acciones.

Los pensamientos positivos producen resultados positivos. Por otro lado, las malas acciones e intenciones crean mal karma, lo que se traduce en resultados negativos. Las personas con intenciones positivas que realizan acciones con resultados negativos involuntarios pueden crear un buen karma para sí mismas. En otras palabras, «lo que va, vuelve».

Reencarnación y ciclos kármicos

Probablemente esté familiarizado con el concepto de reencarnación en las religiones orientales. Según esa teología, todos vivimos varias vidas, cada una de las cuales nos da la oportunidad de crecer y trabajar en nosotros mismos para mejorar. Por desgracia, el crecimiento no se produce de la noche a la mañana. Se necesita tiempo, esfuerzo y deseo de cambio para convertirse en la mejor versión de sí mismo. Se deben superar con éxito una serie de retos espirituales, éticos y morales, también conocidos como ciclos kármicos.

Las experiencias, acontecimientos y situaciones que no se afrontaron correctamente en vidas anteriores toman la forma de lecciones kármicas. Cada quien debe aprender las lecciones que le corresponden, aunque no haya sabido aprovechar las energías de la mejor manera posible o no haya superado ciertos obstáculos, aunque haya tomado decisiones equivocadas o desechado oportunidades para cambiar su vida. Hasta que no lo haga, estas oportunidades de aprendizaje se le seguirán presentando. Una vez que domina las lecciones, las experiencias vitales se vuelven más fáciles de gestionar y, en general, es mucho más feliz y alegre. Supongamos que no supo gestionar un desafío moral en una vida pasada, en la que las presiones sociales, el miedo o incluso la falta de conocimiento le llevaron a actuar de forma contraria a su moral. Un ciclo kármico le presentará retos similares en su vida actual. Estos dilemas aparecen en los aspectos profesionales, familiares, románticos o sociales de la vida.

En este capítulo, aprenderá más sobre las lecciones y ciclos kármicos y lo que se puede aprender de ellos. Conocerá los signos que acompañan a las lecciones kármicas para ayudarle a identificar si está experimentando una. Por último, aprenderá a integrar estas lecciones en su vida.

¿Qué se puede aprender de un ciclo kármico?

Puede que se pregunte en qué le beneficia aprender de algo que no recuerda haber hecho. ¿De qué sirve si se ve obligado a aprender de situaciones que una reencarnación anterior de usted mismo manejó mal o de asuntos que quedaron sin resolver durante otras vidas?

Bueno, los ciclos kármicos suelen enseñar tres lecciones principales: Mantenerse en contacto con su moral y sus valores, ser fiel a usted mismo y confiar en el camino. Las lecciones kármicas pretenden enseñarle cuál es su papel en determinadas situaciones de la vida. El punto principal es que aprenda a asumir la plena responsabilidad de sus acciones, comportamientos, pensamientos y emociones.

Una vez que haya dominado una lección kármica, se dará cuenta de que es la única persona que puede recorrer su propio camino en la vida. Nadie vendrá a empujarle, motivarle o ayudarle a encontrar la felicidad. Depende de usted utilizar su intuición, aprovechar su fuerza, trabajar en su propio desarrollo y buscar la felicidad. Está hecho para ser independiente y transparente. Vivir su verdad es la única manera de romper el ciclo y asumir el reto. No es fácil salir triunfante de estos retos. Si lo fuera, no seguiría enfrentándose a ellos en esta vida. En lugar de resentirse o negar la necesidad de aprender, debe aceptar que está destinado a aprender y crecer a partir de estos obstáculos. Humillarse y aceptar esos ciclos kármicos es la clave para abordar estas lecciones con honor. Para triunfar debe hacer acopio de su fuerza interior y creer en su capacidad de crecimiento.

Señales de que está experimentando una lección kármica

Cada paso que da en la vida, ya sea positivo o negativo, tiene un resultado y conduce a una consecuencia. Por tanto, siempre hay una lección que aprender. Las buenas acciones tienen consecuencias positivas inmediatas que incitan a repetirlas. Por otro lado, suele ser más difícil aprender de los resultados negativos, sobre todo porque muy pocas personas se dan cuenta de que están experimentando una lección kármica. Afortunadamente, existen señales que le ayudarán a determinar si en una situación hay una lección de vida que aprender.

Las cosas le resultan extrañamente familiares

La forma más fácil de determinar si está experimentando una lección kármica es buscar patrones. Si está experimentando un ciclo kármico, probablemente siente que los acontecimientos de su vida giran en torno a los mismos temas. Tómese un momento para pensar en los problemas a los que se enfrenta en diferentes aspectos de su vida, ya sea en su carrera, relación o familia. ¿Tiene energía estancada cuando surgen estos problemas?

Quizá su pareja le recuerda a un padre tóxico, o se encuentra constantemente atrapado en entornos laborales perjudiciales. Tal vez su ciclo destructivo crea el mismo entorno malsano en el que creció. ¿Se encuentra atiborrándose de alcohol todas las noches como hacía su padre?

Los ciclos y patrones perjudiciales no son puramente espirituales. Según la psicología, los traumas generacionales y de la infancia y los estilos de apego personales dan lugar a bucles de comportamiento poco útiles. Estos bucles son lo que en espiritualidad denominamos ciclos kármicos. Se deben identificar los patrones, aprender los desencadenantes y rastrearlos hasta una causa para romper el ciclo.

Le falta control

¿Con qué frecuencia siente que no tiene control sobre su vida o al menos sobre algunos aspectos de ella? Hace todo lo posible por seguir un determinado camino o tomar la decisión que cree correcta. Sin embargo, ir según lo planeado se vuelve casi imposible, y siempre tiene que ir por otro camino. Las lecciones kármicas le dejan sin opciones. Le obligan a ir en una dirección determinada, aunque sea la opuesta a la que desea, porque quieren que vea el cuadro completo. En la mayoría de los casos, una lección kármica le obligará a ver algo de lo que no es consciente.

Las cosas no siempre salen bien. Sin embargo, si nota que esto se convierte en un patrón, debe dar un paso atrás y preguntarse dónde se equivocó, porque es el karma en acción.

Está atrapado en una relación kármica

Una lección kármica puede estar sucediendo si se encuentra con una persona y cree que no puede vivir sin ella. Al principio, todo parece un sueño. Siente que están destinados a estar juntos. Sin embargo, sus esperanzas y sueños sobre la relación empiezan a desmoronarse poco después. En un momento dado, salvar la relación es imposible, por mucho que intente arreglar las cosas. Sigue teniendo esperanzas e intentando arreglar las cosas incluso así, porque no puede evitar pensar que su vida se acabará en cuanto esa persona se vaya. El Karma le pondrá a prueba enviando continuamente a esta persona a su vida hasta que finalmente haya aprendido la lección.

Siempre atrae a personas similares

Ya sea un amigo o una pareja romántica, piense en las personas que atrae a su vida. ¿Todas sus parejas comparten rasgos similares? Tal vez su pareja actual comparte las tendencias controladoras de su padre o las maneras manipuladoras de su madre. La psicología revela que nos sentimos atraídos de forma natural por personas, situaciones e incluso emociones que nos hacen sentir cómodos, aunque siempre nos lleven al mismo ciclo traumático. Nos atrae lo familiar, aunque duela.

Si creció en un entorno en el que los problemas de ira eran una preocupación importante, cuando ve a su pareja enfadarse la sensación que tiene, por muy mala que sea, le resulta increíblemente familiar. Así que lo tolera, aunque le produzca dolor. Si creció con padres que no satisfacían sus necesidades emocionales, es posible que se sienta más cómodo en relaciones carentes de intimidad emocional, aquellas que le hacen sentir solo.

Siempre se enfrenta a sus miedos

¿Se ha dado cuenta de que la mayoría de las situaciones en las que se encuentra hacen aflorar al menos un par de sus peores miedos? ¿Estos acontecimientos le hacen preguntarse si realmente saldrá con vida? Parece que no puede acallar sus pensamientos hasta el punto de tener que experimentar múltiples noches de insomnio. Ninguna solución es lo bastante viable para sacarle de todos los problemas. A menos que identifique la lección en cuestión y la domine, no podrá encontrar una solución.

Tomemos como ejemplo la inseguridad financiera. Suponga que su mente se preocupa a menudo por los problemas monetarios. En ese caso, podría conformarse con trabajos que no le aportan felicidad ni satisfacción emocional durante años solo para garantizar la estabilidad y la seguridad financiera. Al mismo tiempo, no puede apartar de su mente las visiones del trabajo de sus sueños.

Si se enfrenta continuamente con problemas en su trabajo actual o incluso lo pierde, se trata de una oportunidad kármica que se le presenta. Tiene dos opciones: Buscar otros trabajos que prometan seguridad económica y carezcan de realización emocional, o dar un salto de fe y hacer lo que siempre ha querido. A menos que tome esta última opción y se enfrente a sus miedos, seguirá atrapado en el mismo ciclo kármico. Como ya se ha mencionado, los ciclos kármicos enseñan a reunir la fuerza y el valor necesarios para ser fiel a sí mismo. Siempre debe pensar en estos acontecimientos como oportunidades para reevaluar sus elecciones, su situación vital actual y sus deseos.

Siente que sus seres queridos se vuelven contra usted

Si mantiene la lección desaprendida, el karma tomará medidas drásticas para asegurarse de que rompa su ciclo. Debe saber que ha llegado el momento de tomar las riendas y cambiar las cosas cuando sienta que sus seres más queridos se están volviendo en su contra. Si su pareja actúa impulsivamente o su mejor amigo lo hace de forma irracional, se siente obligado a actuar de forma distinta a usted mismo. Ir en contra de su verdadera naturaleza y hacer cosas que normalmente no haría indica que debe aprender una lección.

Su lado más oscuro sale a la luz

No somos plenamente conscientes de cómo reaccionaríamos en determinadas situaciones a menos que nos encontremos en ellas. La mayoría de las veces, no somos conscientes de la magnitud o el extremo de nuestras reacciones. Por desgracia, las lecciones kármicas tienen una forma de llevarnos al límite. Nos siguen presionando hasta que arremetemos contra ellas, haciendo que afloren los rasgos más indeseables, rencorosos y desfavorables. Puede ser un lado de usted que ni siquiera sabía que existía.

Las lecciones kármicas son una puerta a la curación

Un ciclo kármico se abre camino en su vida para ayudarle a alcanzar un nivel superior de consciencia (en última instancia, uno que acompaña a un mayor nivel de juicio moral y ético en su vida). Lo crea o no, las lecciones kármicas tienen como principal objetivo ayudarle a sanar. Pueden ser muy dolorosas de soportar. Sin embargo, una vez que las supere, emergerá mucho más fuerte, más sabio y más independiente. Estas lecciones le ayudan a liberar todo su potencial y a convertirse en una mejor versión de usted mismo. Cuando decide trabajar en los aspectos mentales, espirituales y emocionales de su ser, da un gran paso hacia la plenitud. Con este esfuerzo, se realizará y sanará a un nivel mucho más profundo.

No es fácil emprender este viaje en solitario. Por eso, le recomendamos que acuda a un profesional de la salud mental (que respete sus creencias espirituales, por supuesto) para que le oriente en la dirección correcta. Un profesional de la salud mental puede ayudarle a identificar más fácilmente los patrones problemáticos. También le ayudará a determinar de dónde vienen, qué los desencadena y por qué le resulta tan difícil romper esos ciclos. Es importante entender que esta terapia puede ser angustiosa. También es muy difícil salir de la propia zona de confort y tomar decisiones diferentes. Tener a un profesional a su lado le proporcionará un apoyo muy necesario cuando las cosas se pongan difíciles. También debería considerar la terapia holística, ya que se centra en optimizar su salud física, emocional, espiritual y mental.

Aspectos a tener en cuenta

Tanto si elige recorrer este camino por su cuenta como si busca ayuda, debe centrarse siempre en su relación con usted mismo a lo largo de este proceso. Haga todo lo posible por practicar la autocompasión y evite ser demasiado crítico consigo mismo. Su prioridad es dar rienda suelta a su autenticidad y alinearse con sus valores. Llegar al otro lado de una lección kármica es todo un reto. Desarrollar continuamente la conexión con su yo auténtico y más genuino le dará fuerza. Sin embargo, puede aumentar sus posibilidades de romper estos ciclos perjudiciales.

Puede cambiar su vida simplemente poniendo fin a un ciclo kármico. Todo lo que necesita son las acciones adecuadas, intenciones, apoyo y, lo más importante, perspectiva. Con suerte, notará un cambio positivo gradual en las circunstancias de su vida. Es útil tener en cuenta que la esencia de las lecciones kármicas se extiende en más de una vida. Una vez que se libere de los bucles que le retienen, trabajar en su crecimiento y desarrollo personal será mucho más fácil. Notará que su carrera, su estilo de vida y sus relaciones románticas y sociales se elevan en el proceso.

No basta con reconocer que está experimentando un ciclo kármico que debe romper. No es más que el primer paso hacia el cambio, y aprender la lección es la mitad de la ecuación. Debe integrar lo que ha aprendido en su vida para sanar por completo.

Romper un ciclo kármico

Para romper un ciclo kármico, primero debe ser capaz de reconocerlo. Tómese un momento para reflexionar sobre las áreas problemáticas de su vida y anote cualquier señal de las mencionadas anteriormente. Analice sus relaciones personales y comprenda por qué se siente atrapado en este ciclo. Le ayudará a determinar qué lecciones debe aprender.

Practicar la autocompasión y la aceptación también es vital a la hora de romper un ciclo kármico. Una de las cosas más importantes que enseña una lección kármica es que siempre debe dar prioridad a sus necesidades en cualquier relación o situación. A menudo, no expresamos nuestros deseos y preocupaciones por miedo a herir a los demás. Por desgracia, esto hace que dejemos de lado nuestros valores, creencias y convicciones.

Solo puede superar una lección kármica confiando en su intuición. Solo entonces sabrá con precisión lo que espera y merece en cualquier relación. Su intuición nunca se equivoca, así que confíe en ella para que le guíe por el camino correcto. Romper un ciclo kármico puede dividirse en los cinco pasos siguientes.

Cómo integrar su lección kármica

1. Póngase en contacto con sus valores

Los problemas siempre ocurren cuando no es usted mismo o no está alineado con sus valores. Es más fácil dejar de lado todo lo que defendemos para complacer a la comunidad, hacer amigos o evitar discusiones innecesarias. Sin embargo, debe asumir la plena responsabilidad de su auténtico yo, acciones, creencias, comportamientos y pensamientos para desbloquear todo su potencial.

2. Ser autocompasivo

Somos nuestros peores enemigos. Nada nos frena más que esa voz ruidosa, exigente y crítica dentro de nuestra mente. ¿Cómo espera avanzar o trabajar por el crecimiento y el desarrollo personal cuando duda constantemente de sus capacidades? Practicar la autocompasión y trabajar el amor propio le ayuda a integrar sus lecciones kármicas. Cuando es autocompasivo, aprende a confiar en usted mismo, aumenta su fe y su fuerza. Sin autocompasión, seguirá conformándose con menos de lo que merece.

3. No viva para nadie más que para usted mismo

Todos caemos en la trampa de preocuparnos por lo que los demás piensan de nosotros antes de dar un paso adelante. Nos preocupamos por defraudar o decepcionar a los demás, incluso cuando estamos haciendo lo que es mejor para nosotros. Dejamos que otros determinen nuestro camino y escuchamos los consejos de los demás porque dudamos de nuestras decisiones. A veces, necesita detenerse a observar y darse cuenta de que es la única persona que puede decidir qué es lo mejor en su camino. Necesita empezar a buscar su propia felicidad.

4. Apóyese en su intuición y trabaje su independencia

Aprender a escuchar su intuición y mantener su independencia es la única manera de estar en sintonía con su verdad. No puede ser su verdadero yo si no confía en usted mismo o depende de los demás para orientarse.

5. Confíe en el viaje

Como se ha explicado anteriormente, debe aceptar que está destinado a aprender su lección kármica. El proceso no es fácil. Sin embargo, no debe estresarse porque todo se desarrolla como debe.

Romper un ciclo kármico requiere que haga muchos cambios significativos e incómodos en su vida. Tomar estas medidas drásticas no es fácil, especialmente cuando puede sentirse obligado a evitar sus problemas y volver al ciclo. Sin embargo, ayuda recordar el dolor que conlleva evitar los aspectos emocionales. Experimentar estos ciclos kármicos una y otra vez es mucho peor que enfrentarse a sus miedos y poner fin a la lección de una vez por todas.

Capítulo 9: Predicciones astrológicas

Un error muy común es creer que la astrología es un concepto nueva era que no tiene nada que ver con la realidad o que es una práctica mística más parecida a la adivinación que a otra cosa. No se trata de una verdad a medias, sino de una mentira descarada que oculta que la verdadera astrología se basa en varias disciplinas científicas y principios místicos. Se trata de una complicada exploración del sistema solar y de cómo las personalidades y trayectorias vitales están ligadas al universo. Por supuesto, muchos malos astrólogos han contribuido a la mala fama de este estudio. Los que escriben horóscopos en la gran mayoría de periódicos y revistas son los mismos que escriben mensajes dudosos en las galletas de la suerte desde sus despachos en casa. Por el contrario, los astrólogos profesionales son otra historia, y muchos son buenos en lo que hacen y se toman su trabajo muy en serio. Parte de ese trabajo consiste en utilizar la astrología para determinar predicciones útiles para sus clientes. Algunas de las herramientas que utilizan son complicadas y muy complejas, pero es posible hacer predicciones astrológicas uno mismo, siempre que se tengan claros algunos conceptos básicos. Este capítulo ayuda a que este trabajo le resulte más accesible y le proporciona unas cuantas herramientas vitales que le facilitarán mucho la tarea de obtener usted mismo los beneficios de las predicciones astrológicas.

Cómo funcionan las predicciones astrológicas

En su definición más sencilla, la astrología es el estudio de los movimientos y posiciones de los cuerpos celestes (las estrellas y los planetas) y de cómo se interpretan sus influencias en la vida humana y en el mundo natural. La práctica de la astrología sostiene que muchas de las respuestas que busca la gente pueden encontrarse simplemente mirando hacia arriba y tomando notas del cielo. La palabra predicción significa pronosticar un acontecimiento o suceso concreto. En este sentido, se trata más de comprobar algo como la previsión meteorológica que de mirar en una bola de cristal y adivinar el futuro. Una predicción es solo eso: una predicción y nada más. La gente confunde lo que significa una predicción astrológica, pero la realidad es algo mucho más fundamentado de lo que aparece en los libros o programas de televisión convencionales. Una predicción astrológica es una forma de encontrar el camino a través de la niebla, y si llueve, bueno, al menos está preparado.

Por lo tanto, una predicción astrológica definitivamente no proporciona conocimiento del futuro. Más bien, presenta una serie de puntos de referencia para ayudar a comprender mejor determinadas situaciones y la mejor manera de reaccionar o decidir en función del contexto. Por ejemplo, una predicción astrológica popular son los horóscopos. Los astrólogos suelen escribirlos (los buenos) y se presentan según los signos solares. No es nada muy complicado. La mayoría de los horóscopos legítimos se presentan mensualmente en lugar de semanalmente y dan ideas vagas sobre cómo le harán sentir ciertos acontecimientos.

Digamos que es Acuario. Un ejemplo de horóscopo podría ser algo así:

Estos días se encuentra distraído por una gran variedad de personas, lugares y conceptos maravillosamente atractivos. Le proporcionan una forma tangible de distanciarse de sus necesidades emocionales, lo cual puede ser conveniente. Como no es de los que disfrutan siendo terriblemente introspectivo, podría utilizar la mayor parte de sus energías para conectar con los demás en lugar de centrarse en su vida interior. Eso está muy bien, pero recuerde que debe ser generoso y no juzgarse a sí mismo como a los demás. Pensar un poco y ocuparse de sus necesidades no significa que sea egoísta. Trabaje para cambiar su perspectiva y tenga en cuenta que es tan digno de respeto y curiosidad intelectual como los demás.

Este tipo de escritura del horóscopo puede resultarle familiar. Muchos consejos se sitúan en el terreno de lo conceptual y muy pocos tienen algo que ver con algo concreto que le esté sucediendo en este momento. Sin embargo, si le da al horóscopo el valor que tiene, se dará cuenta de que muchos de estos consejos aparentemente generales son algo que podría escuchar en cada momento de su vida. Esa es la cuestión: las predicciones astrológicas adoptan la forma de consejos y ofrecen orientación sobre cómo afrontar las cosas con las que está luchando. Una predicción astrológica, ya sea un horóscopo o cualquier otra cosa, no es algo sacado de un libro de Nostradamus, por ejemplo: «El universo terminará en el año 2000». Por supuesto, Nostradamus era un astrólogo de talento; sin embargo, sus predicciones han sido sacadas de contexto o malinterpretadas por los poderes fácticos para denotar otras cosas que él no pretendía introducir en la conversación popular. La cuestión es que una predicción no suele ser (si es que lo es alguna vez) una forma de decirle lo que ocurrirá mañana, la semana que viene o el próximo año. Son fragmentos de información basados en su signo solar y en los movimientos planetarios en el cielo que le ofrecen una guía espiritual para ayudarle a comprender mejor en qué momento se encuentra su vida.

Cómo hacer predicciones astrológicas

Hacer una predicción del futuro no es una tarea fácil y suele basarse en herramientas muy precisas que los astrólogos utilizan para descifrar lo que sus clientes deben esperar en los próximos meses. Para hacer una predicción astrológica se utilizan varias técnicas, algunas de las cuales se basan en tránsitos, progresiones y retornos.

Antes de entrar en profundidad en estas técnicas, es útil desvelar antes las herramientas que se utilizan para elaborar predicciones astrológicas. Para empezar, necesita una efeméride. En la práctica de la astronomía y la comprensión de la navegación celeste, una efeméride es un libro que contiene tablas que le proporcionan la trayectoria de los objetos astronómicos naturales, e incluso de los satélites artificiales, en el cielo durante un período determinado. Algunos libros tienen información suficiente para unos pocos años; sin embargo, la mayoría se dedican a evidenciar estas cosas durante cientos de años seguidos. Las efemérides son necesarias para las naves espaciales que se dirigen a una misión en el espacio exterior, pero los astrólogos también las utilizan para orientarse en las complejas realidades de las estrellas y los planetas en su relación con los signos solares y lunares. Son una herramienta de cualquier astrólogo serio para hacer una predicción astrológica para sí mismo o para otros.

Lo siguiente que necesita, posiblemente la herramienta más importante de su arsenal, es una carta natal. La carta natal muestra la posición de los planetas cuando nació. Esa posición le ayuda a comprender quién es y en qué viaje se encuentra. Necesitará su fecha, la ubicación y la hora exacta en la que nació para crear una carta natal. Si no está seguro de la hora, haga una estimación o empiece a las doce del mediodía. A continuación, dibuje los planetas y las casas. Si esto le parece demasiado complejo, utilice una plantilla de carta astral gratuita en línea con la información correcta.

Al final, la carta natal tiene el aspecto de un pastel de doce rebanadas. Cada porción se denomina casa. Cada casa está asociada a un signo del Zodíaco. Y cada zodíaco influye en su vida. Las secciones del centro se denominan aspectos y describen cómo se comunican entre sí los planetas natales de su carta. Por ejemplo, puede tener un signo solar Tauro, pero su signo lunar es Piscis y su signo ascendente Leo. Cada uno de ellos influye en distintas partes de su personalidad y proporciona señales importantes sobre cómo se desarrollan los distintos aspectos de su vida. Cada aspecto tiene una forma, una línea y un color diferentes que se unen en varios puntos de intersección. Dependiendo del grosor de la línea, podrá entender la fuerza de una conexión concreta y qué deducir de ella basándose en otros datos que tenga a mano.

Para leer una carta astral, hay que mirar tres cosas al tiempo: Cada planeta y su signo solar concurrente, la casa en la que reside el planeta y las conexiones que establece con otros planetas. Esta información revela detalles intrincados sobre quién es, sus miedos, sus puntos fuertes, su familia, su infancia, etc.

Esto nos lleva a las técnicas mencionadas anteriormente y a cómo se realizan las predicciones astrológicas. Los tránsitos son quizá la más fácil de entender de las tres complejas técnicas. Si quiere predecir lo que le ocurrirá a alguien en un día determinado, lo único que tiene que hacer es comparar las posiciones de los planetas en el cielo con sus posiciones en la carta natal. La posición de los planetas que se mueven en el cielo se denomina tránsito. Si en su carta natal se lee que Plutón está a veinte grados de Acuario y transitando Venus, significa que hoy es un día Plutón-Venus para usted, lo que es un buen momento para relajarse en casa y hacer jardinería, cocinar, etc.

Las progresiones son un poco más complicadas; sin embargo, funcionan de forma similar. Los astrólogos utilizan diferentes progresiones, pero la más común es una progresión de un día por un año, a veces denominada progresión secundaria. Esta progresión se calcula añadiendo un día a la fecha de nacimiento por cada año de la vida de la persona. Esta técnica permite mirar hacia el futuro, quizá dentro de diez años, y leer lo que la carta secundaria predice que ocurrirá en ese momento. Tal vez se produzca un hito importante o el desencadenamiento de una relación romántica.

Otra progresión que utilizan los astrólogos es el día de un mes o la progresión terciaria. Esta carta de progresión añade a la fecha de nacimiento un día por cada mes de vida. También existe la dirección del arco solar, que no se utiliza tan a menudo por su complejidad, pero a la que los astrólogos también recurren para orientarse. Consiste en observar los planetas, cómo se mueven y giran dentro del sistema solar y cómo eso se relaciona con la información de una carta astral determinada.

La última técnica popular de predicción astrológica es el retorno. Marca el momento en que un planeta en tránsito regresa a su posición de nacimiento. Así, si la posición de su Sol es doce grados y quince minutos de Cáncer, el Sol volverá a esa misma posición cada año alrededor de su cumpleaños. A partir de esta información, se crea una carta y se utiliza para predecir varios asuntos que debe tener en cuenta anualmente. Del mismo modo, la Luna debe volver cada mes a la misma posición en la que usted nació, y la carta creada con este fin se denomina carta de retorno lunar. Esta técnica rinde homenaje a los elementos de nuestra trayectoria vital, que son cíclicos y se realinean, una y otra vez.

Descifrar los tránsitos planetarios

Para esta sección y para facilitar la comprensión, volvamos brevemente a un concepto más sencillo: los tránsitos astrológicos y qué información dan a su carta natal. Lo que sigue es una muestra de cómo podría verse:

Planetas: Venus, Plutón, Júpiter.

Natal: 7 - 2

Reglas: 9 - 3,8
Luna: 56 - 24
Sol: 4 - 3,1

Por supuesto, esto es solo el principio del trabajo, ya que se encontrará con diferentes iteraciones que deberá anotar a medida que avance en el gráfico. De nuevo, la mayoría de los gráficos son bastante complicados, así que compare varios recursos en línea con las plantillas establecidas para usted. Debe introducir algunos datos biográficos básicos sobre usted y luego avanzar basándose en lo que ya le han proporcionado. Una de las ventajas de introducir estos datos en internet es que también puede consultar la carta natal y la carta de tránsitos y buscar una fecha futura concreta para determinar lo que se puede encontrar en ese momento. Una efeméride también es útil, ya que proporciona una relación más detallada de los movimientos planetarios diarios y de cuándo los planetas salen de un tránsito específico. En términos sencillos, cuando el retorno planetario sitúa la posición del planeta en la misma posición en la que estaba en el momento de su nacimiento.

Todo esto es bastante complicado y mirar la rueda de su carta astral puede resultar abrumador. Sin embargo, si se toma el tiempo necesario para observar detenidamente lo que le dice cada dato, con el tiempo sabrá cómo descifrar los códigos que el universo establece para usted en su nacimiento. La astrología es una ciencia compleja y, para tener una visión holística de lo que dice una carta astral, también hay que tener conocimientos de astronomía y de algunas de las ramas más místicas de la religión y los estudios psíquicos. Por lo general, se puede aprender mucho haciendo algunas intervenciones sencillas y utilizando una carta astral en beneficio propio. Por suerte, muchos recursos en línea están haciendo que estos fundamentos sean más accesibles y digeribles, más allá de este libro.

Además, gran parte de este trabajo consiste en practicar. Una vez que haya estudiado los planetas y las casas y comprendido las características de cada signo, puede sacar una efeméride y esbozar diferentes ideas que le ayuden a navegar mejor por la forma en que el sistema solar habla de sus experiencias y rasgos de personalidad. La carta astral es portadora de muchos secretos y, en ese sentido, puede descifrar distintos aspectos de su vida y averiguar las predicciones astrológicas que tengan más sentido para usted.

La gente lleva milenios recurriendo a la astrología para predecir el futuro. Seguir los patrones y movimientos celestes es una técnica precisa que exige a los practicantes una gran compasión y responsabilidad. Tanto si hace predicciones para sí mismo como si las hace para los demás, debe ser detallista en este arte. A veces, la obsesión por las predicciones revela más las ansiedades que cualquier otra cosa, y es importante reconocer esa tendencia al hacer predicciones astrológicas.

Si cree que las preocupaciones éticas en torno a las predicciones astrológicas son exageradas, considere lo siguiente: Durante mucho tiempo, los gobernantes de los imperios confiaban en los astrólogos para mantener su poder. Si el astrólogo comunicaba información desfavorable, era encarcelado o incluso asesinado. Así pues, la capacidad de aportar un cierto nivel de precisión y cuidado a la práctica de la astrología es importante y a menudo se califica de necesidad.

Además, la gente piensa que hacer predicciones astrológicas dice lo que ocurrirá en el futuro, y posiblemente le den consejos para evitar sucesos horribles. Pues bien, la astrología no da resultados inevitables. En realidad, es mejor pensar en la astrología como una forma de hacer previsiones en lugar de predicciones. La principal diferencia es que la astrología permite una guía temática e interpretativa para leer lo que podría ocurrir en el futuro. En este sentido, los horóscopos son un buen ejemplo, ya que proporcionan una idea de lo que podría ocurrirle según su signo solar, pero no dirán algo tan directo como: «Alguien se le declarará el veintiuno de mayo».

Conviene recordar que, por muy preciso que sea el trabajo que hay detrás de la astrología, la predicción astrológica no ayuda a predecir un acontecimiento futuro ni nada concreto. Más bien proporciona una idea general de cuándo esperar un hito importante y orientación para manejarlo en función de los rasgos de su personalidad y su historia. Permite establecer expectativas para sí mismo y para los demás sobre cómo afrontar distintos asuntos y avanzar a partir de ahí. Recuerde siempre que está en juego el concepto de libre albedrío, y que el mero hecho de que le ocurra algo no significa que tenga que seguir así o no trabajar para alterar los preparativos de ese acontecimiento. En última instancia, la decisión es suya y esta información le ayuda a tomarla correctamente.

Capítulo 10: Reencarnación: la ley del retorno kármico

Al leer este libro, es probable que ya se haya topado con la idea de la reencarnación y la ley del retorno kármico. Aunque en otros capítulos se tocó este concepto superficialmente, debería saber mucho más sobre estas dos ideas.

Si le cuesta entender cómo se relacionan el karma y la reencarnación y qué significa la ley del retorno kármico, no se preocupe: está en el lugar adecuado. Este capítulo cubre todo lo que necesita saber y le da la oportunidad de reevaluar su karma para ver cómo ha cambiado al leer este libro.

Comprender la reencarnación y la ley del retorno kármico

Antes de que entienda cómo el karma y la reencarnación están relacionadas, primero debe entender lo que estas ideas significan más allá de la definición de los dos términos.

Según el Cambridge English Dictionary, reencarnación significa la creencia de que el alma o espíritu de una persona muerta vuelve a la vida, no en su cuerpo, sino en otro.

En el hinduismo y otras tradiciones religiosas indias, la reencarnación también tiene un elemento espiritual. La primera referencia a la reencarnación se encuentra en los *Upanishads*, textos hindúes anteriores al budismo y al jainismo. Aunque la idea de la reencarnación difiere entre las tradiciones hindúes, en general el hinduismo sostiene que el cuerpo y el alma son diferentes. Mientras que el cuerpo físico muere, el alma no. El alma es inmortal.

Además, hay que señalar que la idea hindú del alma es ligeramente diferente de la que se tiene en las filosofías occidentales. En estas, el alma incluye las capacidades mentales de una persona, los sentimientos, los recuerdos, los pensamientos, etc. En el hinduismo, estos elementos forman parte del yo material o cuerpo de una persona. En cambio, el alma es el yo más íntimo, la esencia interior de una persona que no se ve afectada por su personalidad ni su ego.

El jainismo y el budismo tienen ideas del alma similares a las del hinduismo. Sin embargo, en el budismo, el alma (o *atman*) no es permanente, a diferencia del hinduismo. Aunque existe la reencarnación, no hay un atman permanente que una todas las vidas de una persona. Más bien existe la impermanencia, y todo lo que constituye a un ser se disuelve al morir, tras lo cual renace. En el jainismo, el alma (o *jiva*) comienza su viaje en un estado primordial, y a medida que atraviesa los ciclos de nacimiento y reencarnación, evoluciona.

En el hinduismo, no se piensa en una vida separada después de la muerte. En cambio, el karma afecta a la vida después de la muerte. Alguien puede ir al cielo si ha hecho cosas buenas, al infierno si ha hecho cosas malas, o de vuelta a la Tierra para seguir creciendo en su viaje. A medida que haga más el bien, se convierte en un ser humano cada vez mejor. Además, las circunstancias de las vidas futuras también dependen del karma.

Sin embargo, esta reencarnación no es permanente: incluso los dioses y los demonios mueren y renacen en función de su karma. Este ciclo de nacimiento, muerte y reencarnación continúa hasta que una persona alcanza el conocimiento espiritual y el buen karma necesarios para lograr *moksha*, un estado de dicha absoluta y una salida de los ciclos de reencarnación.

La tradición budista de la reencarnación es similar a las tradiciones hindúes, en las que el karma afecta la reencarnación, y el ciclo de nacimiento, muerte y reencarnación es interminable. En el budismo solo se puede liberar de este ciclo alcanzando el nirvana.

En el jainismo, el karma tiene aún más importancia que en el hinduismo y el budismo. Al igual que en el budismo y el hinduismo, el karma influye en la vida presente y futura. Además, se cree que algunas almas existen en un estado de *abhavya*, o incapacidad: estas almas son incapaces de alcanzar la *moksha* o liberación. Un alma entra en el estado de *abhavya* después de realizar intencionadamente un acto de gran maldad.

Los jainistas sostienen que existen cuatro estados de existencia o categorías de nacimiento. Una persona puede renacer en: *asdevas* o semidioses; *manusya* o humanos; *tiryanca* o animales, plantas y microorganismos; y *naraki*, que significa seres del infierno.

Estos seres viven en un universo escalonado verticalmente: los semidioses en la cima y los seres del infierno en la base. Cuanto mejor sea su karma, más arriba renacerá y mejores serán sus circunstancias cuando reencarne. El texto jainista *Bhagvati sutra* especifica qué acciones conducen a qué formas de reencarnación: la violencia, matar criaturas y comer animales y peces conducen a la reencarnación como un ser del infierno, mientras que decir mentiras y participar en engaños y fraudes conduce a la reencarnación en el mundo de los animales y las plantas. Ser amable y humilde conduce a la reencarnación como ser humano, y ser austero y llevar una vida de devoción y fidelidad a los principios jainistas conduce a la reencarnación como semidiós.

Al igual que en el hinduismo y el budismo, es posible liberarse del ciclo de nacimiento y reencarnación abandonando los apegos y siguiendo las catorce etapas del camino hacia la liberación (conocido como *Gunasthana*). Algunas versiones del jainismo sostienen que un alma debe pasar por 8.400.000 situaciones de reencarnación antes de alcanzar *moksha*. Sin embargo, como no sabemos dónde se encuentra nuestra alma actualmente, debemos esforzarnos siempre por seguir el camino del *Gunasthana*.

El concepto que tiene el sijismo del karma y el renacimiento es relativamente distinto del que tienen las otras grandes religiones indias. Al igual que las otras tres religiones, el sijismo también cree en un ciclo de nacimiento, muerte y reencarnación. Del mismo modo, el karma de una vida afecta a las circunstancias de las vidas futuras. Sin embargo, allí el karma solo influye en sus vidas futuras. Es posible alcanzar la liberación del ciclo de nacimiento y reencarnación a través de la devoción a un dios, más que a través de un camino específico para liberarse de los apegos y obtener un buen karma. El sijismo fomenta la devoción a un dios para obtener el *mukti* o liberación.

La ley del retorno kármico ha permanecido relativamente similar en las principales religiones indias. Como ya se ha mencionado, el concepto de reencarnación sostiene que el karma de las vidas pasadas y actuales repercute en las vidas futuras, pero solo en ellas, como en el sijismo, o determinando la forma de la reencarnación y con la posibilidad de alcanzar la liberación del ciclo de nacimiento y reencarnación, como en el hinduismo. Sin embargo, en las cuatro principales religiones indias, el karma desempeña un papel fundamental en las vidas futuras.

Por esto, estas religiones sostienen que es esencial realizar acciones que proporcionen un buen karma. Cuanto mejor sea su karma, mejores serán sus vidas futuras. En cambio, cuanto peor sea su karma, peor le irá en el futuro, en esta vida o en una vida futura lejana. Cada acción que realice tiene un impacto sobre usted, aunque no sea inmediato.

La ley del retorno kármico no es un sistema de castigo y recompensa, sino simplemente una ley que subraya las consecuencias de las acciones de las personas. Por ejemplo, en el jainismo, los dioses no influyen en el destino. Todas las circunstancias de la vida son el resultado del karma. Esto también se conoce como la ley de causa y efecto o la ley de acción y reacción. En esencia, significa que todo lo que pone en el mundo, tanto bueno como malo, lo recibe de vuelta en el futuro.

Cómo afecta el karma a su vida actual

Dada la idea de la reencarnación, es fácil creer que el karma de su vida presente no afecta a sus vidas futuras. Sin embargo, hay dos consideraciones a tener en cuenta:

- No todo el karma afecta a las vidas futuras: es posible que únicamente sienta el efecto de una parte del karma que ha ganado en esta vida.
- El karma de sus vidas pasadas puede afectar a su vida actual. Así que, cuando considere lo bueno y lo malo de su vida actual, tenga en cuenta que sus acciones afectan de forma similar a una futura reencarnación de usted mismo.

Comprender cómo afecta el karma a su vida actual le ofrece la oportunidad de tomar medidas para mitigar estos efectos o actuar de forma que gane karma «positivo». Aquí tiene cinco formas en las que su karma afecta a su vida actual:

1. Dado que el karma no tiene fecha de caducidad, es muy probable que algunos o todos los acontecimientos de su vida

actual sean el resultado de las acciones de su alma en una vida (o vidas) pasada. Piense en ello como si fuera el equipaje que lleva durante un largo viaje o, en términos de su alma, un viaje a través de múltiples reencarnaciones. Su equipaje pesa más o menos a medida que lo aumenta (realiza acciones que generan karma, negativo y positivo) y lo reduce (experimenta los efectos del karma pasado). Lo ideal es ir por la vida con una carga kármica lo más ligera posible, lo que requiere revisar y mejorar el karma pasado. Esto es lo que ofrece la astrología kármica.

2. Ninguna persona de su vida está ahí por casualidad. Karma significa que el papel de cada persona en su vida se debe a sus acciones pasadas. Cada persona está destinada a enseñarle una lección específica. En particular, las relaciones kármicas se desarrollan según lo previsto, independientemente de sus acciones. Por lo tanto, la comprensión de su karma y su efecto (si lo hay) en sus relaciones le permite moverse a través de este plan y comenzar nuevas relaciones en sus propios términos.

3. La ley del retorno kármico significa que sus acciones afectan las circunstancias de su vida actual. Sin embargo, es esencial tener en cuenta que estas circunstancias no solo se ven afectadas por su karma negativo, sino también por su karma positivo. Por lo tanto, es crucial vivir una vida auténtica y veraz que le permita dejar atrás el karma negativo de vidas pasadas y comenzar sus vidas futuras con un karma positivo.

4. El efecto del karma a menudo causa una inversión de papeles en la reencarnación. Por ejemplo, sus padres pueden haber sido sus hijos en una vida anterior, mientras que un amigo íntimo puede haber sido alguien que le caía mal. Aunque en sus respectivas vidas pasadas se relacionara con las personas que hoy conoce, estas relaciones y su impacto podrían haber sido muy diferentes. debe abordar sus relaciones actuales con la perspectiva de que sus almas están conectadas a través de las vidas, incluso en vidas futuras. Actúe pensando en cómo quiere que se desarrollen sus futuras relaciones.

5. Como probablemente haya adivinado por las formas en que el karma afecta a su vida actual, el karma se repite a lo largo de las vidas. Conoce a las mismas personas y comparte relaciones similares a medida que avanza por la vida. Esto plantea varias

preguntas. ¿Por qué suceden acontecimientos similares a lo largo de la vida? ¿Qué debe hacer para romper estos patrones de repetición y similitud? La repetición del karma le enseña a realizar acciones diferentes para conseguir resultados diferentes. Debe someterse a una verdadera introspección y evaluar sus puntos fuertes y débiles para determinar qué puede cambiar. El cambio desde el interior también conduce a un cambio externo, lo que le permite modificar y alterar los patrones del karma. Aquí es donde entra en juego la astrología kármica, y estas modificaciones le permiten a usted (y a su futuro yo) vivir su vida (o vidas) a su manera, sin la carga de sus vidas pasadas agobiándole.

Cosas que puede hacer para atraer buen karma

¿Se pregunta cómo atraer el buen karma? Hay numerosas acciones positivas que puede realizar, incluyendo:

- Practicar la bondad y la compasión hacia usted mismo y hacia los demás.
- Perdonarse a sí mismo y a los demás.
- Ayudar a los demás.
- Dar buenas recomendaciones a los demás.
- Ofrecerse como voluntario.
- Ayudar a alguien a encontrar trabajo.
- Agradecer a los demás su ayuda.
- Donar algo valioso a una buena causa (dinero u otro valor, como su tiempo).
- Enseñar algo a alguien. No tiene por qué ser un libro, puede ser algo tan sencillo como enseñar a un amigo a preparar una taza de té.
- Escuchar a los demás cuando le hablen.
- Ofrecerse a los demás.
- Reflexionar sobre sus actos.

Atraer el buen karma requiere esencialmente que sea amable y compasivo con los demás. Todas las acciones mencionadas que ponga en práctica atraen buen karma. Al mismo tiempo, evite hacer daño a los demás, incluidas las criaturas no humanas. El daño a los demás atrae karma negativo y evitarlo conscientemente lo reduce de forma significativa, especialmente porque la intención es una parte de lo que le hace ganar karma negativo.

¿Qué tan bueno es su karma?

Es posible que haya respondido al cuestionario «¿Qué tan bueno es su karma?» del primer capítulo. Sin embargo, ahora que sabe más sobre la astrología kármica y el karma en general, es probable que haya tomado medidas para asegurarse de atraer el karma positivo y reducir el negativo.

Es aconsejable que vuelva a realizar el cuestionario, ya que le permitirá comprender mejor cuál es su situación actual y qué acciones debe emprender para ganar más karma positivo.

Responda a cada pregunta con sinceridad y calcule sus resultados siguiendo las instrucciones que aparecen al final del cuestionario.

1. **Encuentra una cartera abandonada en el tren. Decide:**
    a) Buscar al propietario.
    b) Dejarla donde está, ya vendrá alguien a buscarla.
    c) Sacar el dinero y devolver la cartera.
    d) Quedársela para usted.

2. **¿Habla con personas sin hogar?**
    a) Lo hago si lo necesitan.
    b) Quizás un «hola» al pasar.
    c) Me siento un poco nervioso haciéndolo.
    d) Nunca.

3. **Si le hace un favor a alguien, ¿qué hace?**
    a) Mantenerlo en secreto: lo hace por esa persona, no por el reconocimiento.
    b) Se lo hace saber, pero resta importancia a sus esfuerzos: le gustaría un poco de reconocimiento, pero no le interesa ser el centro de atención.
    c) Asegurarse de que la persona a la que ha ayudado lo sepa; al fin y al cabo, lo ha hecho usted.
    d) Asegurarse de que la persona a la que ayudó lo sepa: quiere asegurarse de que se lo devolverá en el futuro.

4. Se encuentra con un turista perdido y confundido en la calle. Usted:
    a) Le acompaña hasta su destino.
    b) Le ofrece ayuda para orientarle.
    c) Le ignora y pasa de largo.
    d) Le señala y se ríe de su situación con sus amigos.

5. ¿Devuelve los libros de la biblioteca a tiempo?
    a) La mayoría de las veces los devuelvo antes de tiempo.
    b) Suelo devolverlos a tiempo, pero alguna vez me he retrasado.
    c) Intento devolverlos a tiempo, pero es difícil y generalmente llego tarde.
    d) No recuerdo la última vez que devolví un libro de la biblioteca después de haberlo sacado.

6. ¿Es voluntario?
    a) Siempre que puedo.
    b) De vez en cuando, pero no tengo mucho tiempo libre.
    c) Me lo he planteado, pero he decidido no hacerlo.
    d) Nunca: tengo poco tiempo y necesito centrarme en ganar dinero.

7. ¿Recicla?
    a) Siempre.
    b) Todo lo que puedo, aunque de vez en cuando me da pereza.
    c) Cuando es conveniente.
    d) Nunca.

8. Su mejor amigo está pasando por una ruptura importante. ¿Qué hace?
    a) Pasar el rato con él, estar a su lado y escucharle el mayor tiempo posible.
    b) Pasar algún tiempo con él y llevarlo a comer.
    c) Invitarlo a salir un par de veces.
    d) Ofrecerse a compartir una ronda de tragos.

9. ¿Aceptaría trabajar en una empresa con cuya misión no estuviera de acuerdo moralmente a cambio de un salario importante?

   a) No.

   b) Lo consideraría, pero necesitaría mucha más información.

   c) Donaría parte de mi sueldo, pero sí.

   d) Sí.

10. ¿Cree que la gente debería juzgar a los demás basándose en una sola acción?

    a) No.

    b) Depende de la acción en cuestión.

    c) Creo que está justificado juzgar a los demás por sus acciones.

    d) Sí: un acto ilegal siempre debe ser juzgado, independientemente de la situación personal.

Cuando haya terminado el cuestionario, compruebe sus respuestas y anote cuántas veces ha elegido cada letra: cuántas A, etc. debe concentrarse en la letra que eligió con más frecuencia.

Cuanto antes vaya la letra en el abecedario, mejor es su karma. Así, si tiene más A que otras letras, tiene el mejor karma posible. Si tiene más D, necesita trabajar un poco.

Además, es esencial que tenga en cuenta que, aunque haya sacado todas las A, aún le queda trabajo por hacer. No afloje en su bondad y compasión y trabaje para seguir atrayendo karma positivo y así aligerar su carga kármica y empezar su próxima vida lo más positivo que le sea posible.

Conclusión

Como cualquier idioma, el lenguaje de la astrología kármica tiene sus propias reglas y estilo, y se necesita algo de práctica para entenderlo. Además, incluye muchos conceptos técnicos como los que hemos tratado. Para sacar el máximo provecho de este conocimiento, debe comprenderlo a un nivel más profundo y practicarlo con frecuencia para ver resultados en la vida real. La astrología kármica no es una respuesta para el resto de su vida; es una práctica que puede utilizar a diario para darle un mejor sentido. Al comprender cómo funciona la astrología kármica en los acontecimientos más pequeños de su vida, puede entender cómo la lectura se traduce en acontecimientos más grandes.

A diferencia de la quiromancia y otras pseudociencias, la astrología kármica no se basa simplemente en conjeturas. A lo largo de este libro, se habrá dado cuenta de que se requiere una gran cantidad de información muy precisa para que la lectura sea exacta. Incluso una diferencia de un día en la carta natal puede cambiar completamente una lectura. Alterar ligeramente la hora de un acontecimiento puede tener resultados drásticamente diferentes. Puesto que hay tantas variables en juego, es imperativo tener la información más precisa para hacer buenas lecturas.

Es necesario tener en cuenta las excepciones cuando se interpreta la astrología kármica para uno mismo o para otra persona. Siempre existen individuos Sagitario que son terribles para ahorrar dinero y extremadamente hiperactivos. Incluso si lo han hecho todo a la perfección, pueden descubrir que sus resultados no se traducen correctamente. Esto puede ser solo un caso excepcional; no tiene por qué ser un error suyo.

Aunque hemos cubierto mucha información en este libro, siempre es útil complementar el aprendizaje con otras fuentes. Hay mucho material disponible sobre astrología kármica, y puede aprender con mucho detalle sobre cualquier tema de su elección. Cuando consulte otras fuentes, tenga en cuenta que los distintos practicantes tienen diferentes métodos de interpretación. Aunque no existe una regla rígida sobre cómo se define algo, la información de este libro ofrece una orientación clara. Si encuentra otra fuente con una perspectiva totalmente diferente sobre el comportamiento de las casas, puede estar seguro de que está leyendo una fuente de información débil. Por lo tanto, tenga cuidado al seleccionar las fuentes.

Está muy bien obtener una lectura o crear la suya propia, pero el principal beneficio de la lectura es ponerla en práctica. Limitarse a escribir lo que ha analizado por sí mismo y guardarlo en un cajón no va a ayudar a nadie. La astrología kármica pretende mejorar su vida, lo que solo ocurre cuando pasa a la acción. Aunque tenga miedo, debe dar el primer paso y moverse.

El karma se repite; sin embargo, usted tiene el poder de cambiar el curso de su vida si realmente lo desea.

Vea más libros escritos por Mari Silva

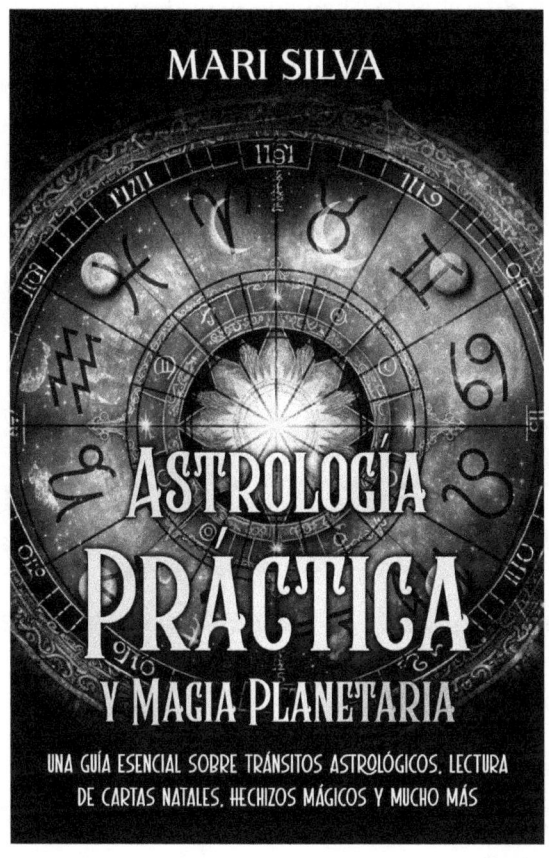

Su regalo gratuito

¡Gracias por descargar este libro! Si desea aprender más acerca de varios temas de espiritualidad, entonces únase a la comunidad de Mari Silva y obtenga el MP3 de meditación guiada para despertar su tercer ojo. Este MP3 de meditación guiada está diseñado para abrir y fortalecer el tercer ojo para que pueda experimentar un estado superior de conciencia.

https://livetolearn.lpages.co/mari-silva-third-eye-meditation-mp3-spanish/

Bibliografía

A, S. (2019, 29 de mayo). Astrología kármica: Conozca su karma y su *dharma*. WeMystic. https://www.wemystic.com/karmic-astrology/

Admin. (2013, 12 de diciembre). Astrología kármica. ZodiacSign.com. https://www.sunsigns.org/karmic-astrology/

Allard, S. (2020, 4 de septiembre). Cinco cosas que hay que saber sobre el karma y la reencarnación. Fundación Hindú Americana. https://www.hinduamerican.org/blog/5-things-to-know-about-karma-and-reincarnation

Astrology.Com. (s.f.). Calculadora de la carta natal. Consultado el 1 de octubre de 2022. https://www.astrology.com/birth-chart/

Astrología Signos del Zodíaco. (s.f.). Astrología kármica. Astrology-Zodíaco-Signs.Com. Consultado el 1 de octubre de 2022. https://www.astrology-Zodíaco-signs.com/astrology/branches/karmic-astrology/

AstroTwins. (2020, 31 de agosto). Las doce casas del horóscopo: Los temas y lecciones de cada una. Mindbodygreen. https://www.mindbodygreen.com/articles/the-12-houses-of-astrology/

AstroTwins. (2019, 30 de junio). Cree su carta astral gratis. Astrostyle. https://astrostyle.com/birthchart/?sscid=51k6_wugvp

AstroTwins. (2019, 31 de enero). Cómo leer su carta astral como un astrólogo. Mindbodygreen. https://www.mindbodygreen.com/articles/how-to-read-your-astrology-birth-chart/

Black, K. M. (s.f.). Astrología kármica: El secreto de una vida feliz y con propósito. Karen M. Black. Consultado el 1 de octubre de 2022. https://www.karenmblack.com/karmic-astrology.html

Black, K. M (s.f.). La misión del alma de su nodo norte: Descripciones detalladas por signo y casa. Karen M. Black. Consultado el 1 de octubre de 2022. https://www.karenmblack.com/north-node.html

Cafe Astrology .com. (2018, 15 de marzo). Entender la rueda de la carta astral. https://cafeastrology.com/articles/how-to-understand-read-chart-wheel.html

Camacho, N. A. (2022, 18 de mayo). Qué significa para usted la casa astrológica asociada a su signo zodiacal. Bien+Bien. https://www.wellandgood.com/Zodíaco-signs-houses/

Dasa, P. (2014, 8 de octubre). Reencarnación y karma: cómo funciona. HuffPost.

Discover Card. (2014, 17 de septiembre). ¿Qué tan bueno es su karma? BuzzFeed. https://www.buzzfeed.com/discovercard/how-good-is-your-karma

Estrada, J. (2022, 28 de junio). Hay doce leyes del karma en juego en su vida: esto es lo que significan. Well+Good. https://www.wellandgood.com/12-laws-of-karma/

Estrela, A. (2019, 6 de noviembre). Predecir el futuro. PsychicGuild. https://www.psychicguild.com/astrology/forecasting/

García, A. (2022, 2 de marzo). Qué son las lecciones kármicas y cómo aprender de ellas. AFYA AROMAS. https://shopafyaaromas.com/blogs/self-love/what-are-karmic-lessons-and-what-can-we-learn-from-them

GoldRing Astrology. (s.f.). Leer su carta astral. Consultado el 1 de octubre de 2022. https://www.goldringastrology.com/ReadingYourBirthChart

Harra, C. (2020, 21 de febrero). Cinco maneras en que el karma de sus vidas pasadas le afecta hoy. Mindbodygreen. https://www.mindbodygreen.com/0-20223/5-ways-karma-from-your-past-lives-affects-you-today.html

Heyl, J. C. (2022, 24 de marzo). ¿Qué es un ciclo kármico? Dotdash Media. https://www.verywellmind.com/what-is-a-karmic-cycle-5219446

Hinduismo Hoy. (2019, 5 de septiembre). Karma y reencarnación. https://www.hinduismtoday.com/hindu-basics/karma-and-reincarnation/

Crece la esperanza. (2020, 24 de abril). ¿Qué es el propósito espiritual? https://hopegrows.net/news/what-is-spiritual-purpose

El monasterio hindú de Kauai. (s.f.). Fundamentos del hinduismo. Consultado el 1 de octubre de 2022. https://www.himalayanacademy.com/readlearn/basics/karma-reincarnation

Kelly, A. (2022, 30 de noviembre). Los doce signos del Zodíaco: Fechas y rasgos de personalidad de cada signo zodiacal. Allure. https://www.allure.com/story/Zodíaco-sign-personality-traits-dates

Kelly, A. (2021, 4 de julio). 101 cartas natales: Entender los planetas y sus significados. Allure. https://www.allure.com/story/astrology-birth-chart-reading

Kelly, A. (2021, 8 de junio). Qué significan las casas en su carta astral y cómo encontrarlas. Allure. https://www.allure.com/story/12-astrology-houses-meaning

Kent, A. E. (2015). Tránsitos astrológicos: La guía para principiantes para usar los ciclos planetarios para predecir su día, su semana, su año (o su destino). Fair Winds Press.

LaMeaux, E. C. (s.f.). Cómo atraer el buen karma. Gaiam. https://www.gaiam.com/blogs/discover/how-to-attract-good-karma

Leek, S. (1977). Moon signs. W.H. Allen/Virgin Books.

Lindberg, S. (2020, 5 de noviembre). ¿Cuáles son las doce leyes del karma? Healthline Media. https://www.healthline.com/health/laws-of-karma

Lynsreadings.com. (s.f.). Frecuencia de los números y lecciones kármicas. Consultado el 1 de octubre de 2022. https://www.lynsreadings.com/karmic-lessons

Magner, E. (2022, 4 de octubre). Doce casas en astrología: Comprenda un nuevo nivel de su signo zodiacal. Well+Good. https://www.wellandgood.com/houses-in-astrology/

Moses. (2021, 17 de marzo). Seis señales de que está viviendo una lección kármica. PsychDigital.

Murphy, B., Jr. (2015, 11 de marzo). Diez formas desinteresadas de construir un buen karma y generar felicidad. Inc. Australia. https://www.inc.com/bill-murphy-jr/10-selfless-ways-to-build-good-karma-and-generate-happiness.html

Penix, S. (2018, 9 de julio). Cómo la ley del retorno kármico puede ayudarle a ser mejor persona. Study Breaks. https://studybreaks.com/thoughts/karmic-return/

Regan, S. (2020, 17 de julio). Cómo reconocer una lección kármica y qué hacer al respecto. Mindbodygreen. https://www.mindbodygreen.com/articles/signs-youre-receiving-a-karmic-lesson-and-what-to-do-about-it/

Regan, S. (2021, 19 de mayo). ¿Qué es realmente la deuda kármica y cómo saber si la tiene? Mindbodygreen. https://www.mindbodygreen.com/articles/karmic-debt/

Schulman, M. (1977). Astrología kármica: v. 1. HarperCollins Distribution Services.

Stardust, L. (2021, 30 de marzo). Cómo leer su carta astral. Teen Vogue. https://www.teenvogue.com/story/how-to-read-your-birth-chart

Stinson, N. (2017, 15 de diciembre). Diez maneras de alinearse con su propósito o *dharma*. Chopra. https://chopra.com/articles/10-ways-to-align-with-your-purpose-or-dharma

Summit Publications. (2013, 3 de abril). 35. La ley del retorno kármico. https://www.summitlighthouse.org/inner-perspectives/karma-law-of-karmic-return/

Thomas, K. (2022, 27 de enero). Qué es una carta astral en astrología ¿y cómo leerla? New York Post. https://nypost.com/article/astrology-birth-chart/

TrustedTeller. (2021, 14 de diciembre). Entender los signos del Zodíaco: Elementos, cualidades y polaridad. https://trustedteller.com/blog/understanding-Zodíaco-signs-elements-qualities-and-polarity/

Sociedad Vedanta del sur de California. (2016, 14 de marzo). Karma y reencarnación. https://vedanta.org/what-is-vedanta/karma-and-reincarnation/

Wehrstein, K. M. «Reencarnación y karma». Psi Encyclopedia (2021, 7 de julio.). https://psi-encyclopedia.spr.ac.uk/articles/reincarnation-and-karma

Whitney, B. (2017, 15 de junio). ¿Cómo está su karma? Zoo. https://www.zoo.com/quiz/hows-your-karma

Wright, J. (2022, 18 de marzo). Hay (al menos) nueve tipos de astrologías: ¿cuál es la adecuada para usted? PureWow. https://www.purewow.com/wellness/types-of-astrology

ZodiacPsychics.com. (s.f.). ¿Qué es la astrología kármica? Consultado el 1 de octubre de 2022. https://www.zodiacpsychics.com/article/what-is-karmic-astrology.html